욥,

모든 질문이 사라지던 날

욥,

모든 질문이 사라지던 날

김 리 아

신의정원
Sacred Garden

하나님의 의(義) 시리즈1
욥, 모든 질문이 사라지던 날

제1판 제1쇄 2021년 10월 19일

지은이 김리아
펴낸곳 신의 정원
책임편집 성현철
표지 이단비
편집디자인 김계수 서 광
교정교열 박혜원 신수현
등록번호 제 2021-000009호
주소 서울시 강서구 마곡중앙6로 11, 보타닉파크타워 3 B107
전화 02-2644-5121
SNS @_sacred_garden

ISBN 979-11-973449-5-4

"주여, 이제는 당신이 왜 대답지 않으셨는지 압니다.
당신 자신이 대답이십니다.
모든 질문은 당신의 얼굴 앞에서 사라져 버립니다.
다른 무슨 대답을 들은들 만족하겠습니까? 다 말, 말뿐입니다."

C. S. 루이스, <우리가 얼굴을 찾을 때까지> 중에서

1장 시온의 걸림돌

어디에 이르려고?

1

\

압도적인 고통에 대해 생각할 때 우리는 욥을 떠올린다. 성서의 이야기임에도 맨눈으로 대하기엔 너무 잔인한 고통이어서, 우리는 '신앙이 그런 것이라면 믿고 싶지 않아.'라고 꺼리고 얼굴을 돌리고 싶은지도 모른다. 잠시라도 그 재앙이 바이러스처럼 우리의 현실에 감염되고 재현될까 두려워서 마치 재난 영화의 한 장면처럼 취급하고 잊어버리고 싶은 것이다.

타인의 고통을 늘 접하는 뉴스거리나 볼만한 구경거리로 전시하는 시대에 살고 있는 터라 '나와는 상관없어.'라고 하며 외면하기는 쉽다. 그러나 욥기에 나타난 이야기는 고통 자체의 리얼리티를 강조하거나 극도의 고난을 짊어지고 극복한 영웅담은 아니다. 비록 단기간에 벌어진 고난의 총집합소 같은 분위기가 주는 진한 압박감은 있겠지만 이별, 죽음, 질병, 왕따, 친구들의 비난, 부도 등 어느 한 가지라도 우리네 삶의 풍경에서 낯선 것은 없다.

당혹스러운 것은 정작 욥기가 말하고자 하는 것이 고통 이야기가 아니라는 사실이다. 오히려, 고통의 계기를 통해 그 벌어진 틈새로 '신의 얼굴을 보게 된 자'의 이야기다. 욥은 보이는 세계를 둘러싸고 있던 어떤 경계를 깨고 들어가 영혼의 눈으로 실상의 세계를 본다. 그 진짜 세상에서 그는 위대한 질문 앞에 선다. '나는 누구인가?', '우리는 어떤 존재 앞에 서 있는 것인가?', '진정한 의란 무엇인가?' 이 질문은 우주를 들어 올리기보다 더 무거운 자기애의 눈꺼풀을 들어 올려 시간을 초월해 이 세상의 시원(始原)이 있는 곳, 시간이 영원과 함께 공명하며 신의 음성을 듣는 곳, 아무것에도 매일 수 없는, 인간의 의의 프레임에 갇히지 않는 살아계신 하나님의 얼굴에 관해 눈을 뜨게 만든다. 그리고 인생을 그곳으로부터 다시 시작하라고 도전한다. 그렇다. 신학자 구띠에레즈Gustavo Gutierrez가 말하듯, 욥기는 하나님의 자유와 인간의 자유가 만나는 책이다.[1] 그 자유는 보이는 것이 전부라고 믿는 이들 앞에 걸림돌과 바위를 두어 넘어뜨리고, 그 넘어진 곳에서 어떤 시원으로 넘어가는 지점에 덩그러니 서 있다.

> 보라 내가 걸림돌과 거치는 바위를 시온에 두노니 그를 믿는 자는 부끄러움을 당하지 아니하리라 함과 같으니라*
>
> **롬 9:33**

걸림돌과 거치는 바위가 시온에 있다. 그분이 두셨다. 그분은 거치는 돌을 두고서도 천연덕스러우시다. 그 장애물에 걸려 넘어지는 자는 부끄러울 것이지만 그것은 넘어진 자들의 몫이다. 그러나 넘어지고 쓰러진 삶의 전혀 다른 각도에서, 오롯이 끝까지 그분을 추적하여 믿는 자는 부끄러움을 당하지 않을 것이다. 욥은 믿음의 걸림돌을 하나님과의 씨름을 통해 넘어섰다. 사실 그 사건이 일어나기 바로 직전까지 그는 온전하고 정직하고 의롭다는 평을 받았으며, 그 결과 복을 받았다고 인정받았다. 아들이 일곱, 딸이 세 명이 있었으며 양이 7천 마리, 낙타가 3천 마리, 소 5백

---

* 본 서의 성서 표기와 인용은 원칙적으로 <개역개정>판을 따르되 필요한 맥락에 따라서는 <새번역>판과 저자의 의역을 사용하였음을 밝힙니다.

쌍, 나귀 5백 마리 그리고 종이 셀 수 없을 만큼 많았다고 성경은 기록한다. 자기 자식들이 혹시나 하나님께 잘못을 범할까 봐 그 잘못들을 씻기는 기도를 하고 그럴 때마다 훈계하였다. 그럼에도 불구하고 이유 없는 고난이 시작되었다. 이 고난은 욥 앞에 놓인 걸림돌과 거치는 바위였다.

2

욥기는 하나님이 스스로 의롭다고 하는 사람에게 보내는 고발 장이다. "의인은 없다. 한 사람도 없다. 모두가 곁길로 빠졌다"(롬 3:10~12)는 말씀은 도도하게 흐르는 강물처럼 거침없다. 분명 히 하나님의 율법을 열심히 지키며 성실하게 살아왔건만! 하나님 조차도 그를 의롭다 인정하셨건만! 욥은 그 의로움의 깊은 근원, "네 의는 내 안에 있으며, 내 안에 있는 네 안에 있다"는 진리를 알아내기 위해 모험을 떠나야 했다. 그는 대단히 종교적이고 윤 리적이고 형통한 사람이 됨으로써 진짜 믿음의 세계와 진짜 신 으로부터 멀어질 수도 있었다. 때로 어떤 믿음의 사람들은 축복 을 약속한 땅에서 가뭄을 만나고, 이방인들과 악한 이들을 변호 하는 듯한 하나님께 저항하며 도망가다가 고기의 밥이 되고, 의롭다고 칭찬받다가 한순간에 죄인으로 낙인찍힌다. 그들은 표면적이고 의식적인 신실함에 안주하고 싶어 하고 자신이 의롭다 자부하지만 무의식의 깊은 동기까지 추적하는 하나님의 시선과 태초의 죄에서 벗어날 수 없다.

이 하나님의 고발장은 역설적이지만 의인 욥이 자신의 고난에 대해 하나님께 항의하는 것으로부터 촉발된다. 욥은 항의한다. 그는 자신의 상황을 도저히 이해할 수도 없고 믿을 수도 없다. 왜 이 장애물이 나에게 놓였는가? 명색이 시온인데 왜 걸림돌이 있는가? 그가 아는 한, 선하시고 지혜로우시고 정의로우신 하나님은 이렇게 자신을 대하시면 안 되시는 것이다! 불공평하면 안 되는 그분이 불공평하다. 최소한 뭔가 잘못하고 계시며 돌이키셔야 한다! 완벽할 것 같았던 하나님과 욥의 사이는 추락하며 욥은 하나님이 자신의 믿음 생활에 대해 헌신적이지 않고 부당하다 여기며 화를 낸다. 둘 중 하나는 분명 돌아서야 한다!

분명 합당하게 보이는 이 항의에 대해 하나님은 일일이 대답하지 않으신다. 욥의 항의가 왜 잘못되었는지 설명해 주지도 않으신다. 때를 기다리신다. 모든 것이 산산조각 났을 때, 모든 방책과 수단이 무너지고 자신이 의지할 수 있는 것들이 밑바닥을 보일 때, 자기 힘을 의지할 수 있는 모든 기운이 다했을 때, 그제야 우리는 하나님을 온전히 의탁하고 신뢰하는 법을 배운다. 걸어가고 속도를 내어 뛰어가고 남 보다 뒤처지지 않기 위해 죽어라고 뛰어가는 방법만 있는 것이 아니다. 본디 자신에게 돋아있던 날개를 사용하라! 비로소 우리는 자신이 의지하고 있던 큰 나무가 사실은 거대한 숲의 일부이고, 숲은 큰 산의 일부이며, 큰 산은 숲과는 다른 생태종인 강과 바다와 생물들과 연결되어 있다는 것을 깨닫게 된다. 아예 이 지구를 넘어선 우주와 그 시원에 이르기까지 그분의 손에 얹혀 높이 높이 초월하여 비상하는 방법도 있다는 말이다.

그분만이 전부라고 고백하는 것은 관념이 아니다. 역설적이지만 그 고백은 그분 외에는 다 근원적으로 의지할만한 것이 아님을 경험하고 그분만이 남았을 때, 그 안에 자신이 찾던 '모든 것'이 들어있음을 알게 되었을 때, 티끌이 된 자가 고백할 수 있는 벅찬 은혜의 경외감 같은 것이다.

하나님은 욥이 타당하다고 생각하는 그 근거 위에 존재하지 않으시기에, 욥이 만든 프레임에 맞추어 일일이 대답할 필요를 느끼지 않으신다. 그렇게 하는 순간 우리는 비약하여 존재에 도달할 문의 입구를 잃어버린다. 때로 우리는 종교적 규칙을 지키고 선행과 덕을 잘 유지하면 해야 할 일을 다 했다고, 하나님과의 관계에서 치를 값을 다 치렀다고 생각한다. '이만큼 하면 되었지, 다음은 하나님이 우리에게 그 선에 대해 복으로 갚으셔야 할 차례야.' 그리고는 그분이 우리의 기도에 응답하고 덤으로 복까지 주실 의무가 있다고 여기며 그것이 정의고 공평이라고 느끼는 것이다.

3
\

욥기를 읽으며 사람들이 보편적으로 하는 질문들도 이 사유에 기반한다. "왜 악인이 아니라 의인이 고난을 받는가?"[2] 욥기는 사람들에게 이유를 알 수 없는 악과 고통에 대해, 그리고 하나님이 계신다면 이 문제에 대해 왜 정의롭게 다스리지 않느냐고 하는 신정론적 질문에 직면하게 만든다. 그럼에도 욥기는 이 질문에 대해 그리 친절하지 않다. 고통은 늘 욥기의 활발한 주제이지만, 욥의 고통은 이미 머리말(1~2장)에서부터 하나님께서 그를 시험하시기 위해 주어진 것으로 알려진다. 이 답변은 욥과 동료들의 세바퀴 논쟁이 끝날 때까지도 주어지지 않으며, 야훼의 말씀에서조차 시원스레 해결되지 않는다. 대신 욥기는 시선을 들어 욥이 끝끝내 하나님을 만나게 된다는 진실에 대해 초점을 맞춘다. 욥은 인간의 조건을 넘어선 광활한 우주를 창조한 하나님을 진실로 만났고, 그분이 누구신가를 알게 되었다. 모든 의의 근원이며 총체인 하나님의 의! 그것이 욥기가 말하는 의(義)의 정의이고 결론이다. 그는 이 의와의 관계 속에서 온전하며 온전해졌다! 그 온전함에는 인간의 논리로는 명증하지 않은 어떤 비약의 비연속적 지점들이 분명히 존재하며, 이전에 알 수 없었던 기쁨과 사랑의 여유가 존재한다.

이것은 의인은 선한 행위에 기초하며 반드시 복을 받아야만 하고 그것이 의의 증거라고 말하는 모든 세계관을 뒤엎는 출발점이다. 이 지점에 서기 위해 욥은 율법적이고 인과적인 다양한 사고와 인간적 선과 맞서야 했다. 아니 포기해야 했다. 욥의 친구들의 의는 '결과적으로 은혜가 그다지 필요치 않다'는 점에서 하나님의 의를 말하기엔 거리가 있다. 은혜는 항상 바벨탑을 쌓아 올리는 최고점이 아니라 최저점에 떨어지는 폭포수와 같은 것이어서, 우리를 지으신 창조주의 위엄과 그의 피조물인 우리의 처지, 그리고 그 틈새를 채우는 은혜를 깊이 깨닫는 낙하지점에서 일어난다.

이 은혜가 놀랍게도 '꺾어진 의인들'에게 주어지는 것임을 이해하는 것이 필요하다. 의인이란 이 하나님의 은혜를 갈망하고 사모하는 자들이며 그 자유의 선택으로 말미암아 '하나님께로부터' 의롭다고 여겨진다. 놀랍게도 하나님의 평가는 처음부터 욥은 의인이라는 것이다. 주님은 그의 중심을 아셨고 사단에게 자랑하셨다. "이 세상에는 그 사람만큼 흠이 없고 정직한 사람, 그렇게 하나님을 경외하며 악을 멀리하는 사람은 없다."(1:8) 욥의 의는 하나님께 승리를 안겨준다는 것에 있다! 이 자랑은 곧바로 사탄의 시기와 정죄를 불러일으켰다. "욥이 아무것도 바라는 것 없이 하나님을 경외하겠습니까?"(1:9) 사탄의 정죄는 욥이 자신을 보호해주고 무엇에나 복을 주시고 소유가 넘쳐나니 하나님을 경외하는 척하지만, 고난이 오고 소유를 잃게 되면 하나님을 저주하게 될 것이라는 것이었다(1:10~11). 이제 욥의 하나님 사랑과 신뢰, 경외는 시험대에 올랐다. 초점은 그의 신앙심이 진실로 어디에 기반하는가 하는 것이었다. 시련이 다가올 때 그의 진짜 관심이 어디에 있는지 드러나는 법이다.

4
＼

잔인한 장애물 넘기 경주가 시작되었다. 욥은 가축들을 잃고 종들을 잃고 양 떼와 목동들, 낙타 떼와 자식들을 순식간에 잃었다. 도무지 이치에 맞지 않았다. 욥이 돌아보건대 하나님은 이제까지 한 번도 그렇게 하신 적이 없었다. 이 갑작스런 불운에 대해 별다른 예고도 말씀도 없었고 해명도 없으셨다. 모든 정황이 불신과 원망, 의심을 일으키기에 합당한 듯 보였다. 상황은 끔찍했다. 진실로 이해하긴 어려웠지만 욥은 간신히 자신이 경험했던 그 하나님을 기억하면서 간신히 이 장애물을 넘었다. 욥은 일어나 슬퍼하며 겉옷을 찢고 머리털을 민 다음에 머리를 땅에 대고 엎드려 경배하면서 말했다.

> 이르되 내가 모태에서 알몸으로 나왔사온즉 또한 알몸이 그리로 돌아가올지라 주신 이도 여호와시요 거두신 이도 여호와시오니 여호와의 이름이 찬송을 받으실지니이다 하고 이 모든 일에 욥이 범죄하지 아니하고 하나님을 향하여 원망하지 아니하니라
>
> **1:21~22**

그는 아담과 하와처럼 도피하기보다는 벌거벗고 끝까지 하나님 앞에 서는 길을 택했다. 사탄은 이제는 소유가 아니라 그의 몸을 쳐서 발바닥에서 정수리까지 종기가 나게 하였다(2:7). 아내는 그를 저주하고 떠나고 욥은 자신의 태어남을 저주한다. 바로 이 지점에서 우리는 그의 고민과 독백의 뉘앙스를 점검해 볼 필요가 있다. 그의 말을 들어보면 왜 하나님이 그를 의롭다 하시는지 또 왜 온전하다 하시는지 알 수 있다. 비록 죽을 정도로 슬프고 아프고 괴롭다 하소연하기는 했지만 그의 혼란은 자신에게 놓인 장애물 자체보다, 이 경주를 주선한 존재, 최선을 다해 알았고 사랑했던 그 하나님에게 있었다. 그는 분명 이 관계에 진실했고 그가 아는 한 진심이었다! 욥은 이 고난으로 인해 하나님께 실망하고 돌아설 것인가, 끝내 승복하여 또 다른 차원과 믿음과 마침내 죽음과도 같은 인식의 죽음을 통과하여 마침내 리얼한 세상과 하나님의 얼굴을 볼 것인가?

장애물 경기의 곳곳은 마치 겹겹이 둘러싼 과한 포장지를 벗겨야 드러나는 보물찾기처럼 모든 보이는 것의 결말, 죽음을 직면하는 과정이었다. 한때 그의 삶을 빛나게 해 주었으며 의미 있던 모든 것-죽은 자식들, 없어진 재산들, 가장 가까웠던 친구들과 아내, 그가 불쌍히 여겨 가족처럼 도와주었던 사람들-이 이제는 욥을 죽음의 문턱까지 몰아세운다. 한술 더 떠서 그의 친구들은 성경을 이용해 욥을 질타한다. 욥의 절망은 영혼의 깊은 곳에서 하나님의 부재로 어두워진, 길 잃은 영혼의 탄식이다.

주님 당신은 어디에 계십니까? 당신은 대체 누구십니까? 왜 저를 버리십니까?

욥이 방패로 삼는 것은 '하나님을 향한' 자기 영혼 깊은 곳의 탄식이다. 그는 대놓고 하나님께 대드는 사람은 아니지만 은근한 고집으로 실망한 감정을 표출한다. 그럼에도 불구하고 그의 강점은 그가 여전히 '하나님을 향해' 벌거벗고 서 있다는 것이다. 피부처럼 밀착되어 자기를 둘러싸고 있던 삶의 가짜 근거들이 하나하나 도려내어 질 때, 비로소 욥은 아무도 건드릴 수 없는 영혼의 지성소로 들어간다.

그것은 놀라운 존재의 도약이었다. 자기 의(義)란 실은 내 손에 쥔 잔으로 바다를 측량해보겠다는 시도이다. 나만의 신앙, 은혜의 근원을 잃어버린, 자기 뜻대로 움직이지 않는 하나님께 실망한 신앙은 승복을 요구하는 하나님 앞에서 넋을 잃고 서 있다. 불가해하고, 때로 설명할 수 없을 만큼 잔인하며, 도도하게 흐르는 거대한 파도 같은 삶의 한복판에서, 그 모든 것을 넘어 생과 사를 초월하여 우뚝 서 있는 창조주의 오, 그 자유로운 얼굴! 자유와 사랑의 영이신 그분을 욥은 영혼의 깊은 곳에서 만난다. 아, 내가 그토록 찾고 싶었던 그분은 바로 내 영혼의 깊고 깊은 사랑의 탄식 가운데 계셨구나!

> 우리가 지금은 거울로 보는 것 같이 희미하나 그 때에는 얼굴과 얼굴을 대하여 볼 것이요 지금은 내가 부분적으로 아나 그 때에는 주께서 나를 아신 것 같이 내가 온전히 알리라
>
> **고전 13:12**

평가자의 결과가 나왔다. 욥이 옳았다. 주께서는 욥에게 말씀을 마치신 다음에, 데만 사람 엘리바스에게 이렇게 말씀하셨다. "내가 너와 네 두 친구에게 분노한 것은, 너희가 나를 두고 말을 할 때 내 종 욥처럼 옳게 말하지 못하였기 때문이다 … 너희가 내 종 욥처럼 옳게 말하지 않고 어리석게 말하였지만, 내가 그대로 갚지는 않을 것이다."(42:7~8) 욥기 42장 7절은 잘못 읽으면 양비론(兩非論)처럼 들린다. 번역본은 욥처럼 옳게 말하지 않았다는 말이 욥도 옳게 말하지 않았다는 말로도 들리는데, 원어

를 살펴보면 뜻이 분명해진다. 욥은 옳게 말하였는데, 친구들은 옳게 말하지 않았다는 것. 신은 최종적으로 욥이 옳다고 손을 들어 준 것이다. 신이 욥에게 인간의 무지와 무능을 상기시키며 꾸짖는 분위기였지만, 욥은 옳다. 그러니까 욥의 문제 제기가 옳다는 것이다. 아무 죄 없이 고통받는 사람들이 분명 존재하고, 이에 항의하는 욥이 옳다. 그렇다고 욥이 다 안다는 뜻이 아니다. 그것은 인간에게 주어진 몫이 아니다. 우리는 언제나 부분으로 떨어진다. 그러나 욥은 자기의 모름과 한계 앞에 정확하게 설 수 있게 되었다. 욥이 무엇으로 옳음을 인정받았는가? 하나님께 '의롭다 함'을 얻는 기준은 무엇인가? 욥기에 나타난 긴장과 비약을 통해 우리는 의의 전체성을 입체적으로 보는 시각을 갖춰야 할 것이다. 욥기는 개인의 경건한 의를 초월해서 하나님의 의를 전적으로 신뢰하는 의로 비약하여 존재 변화를 경험한 어느 위대한 인간에 관한 이야기다.

2장 논쟁이 밝혀 주는 것

프레임³의 감옥에 갇혔더니: 누군가는 잘못해야 해

1

욥기는 이 장애물 경주에서 드러나는 의의 긴장을 부각하기 위해 서로 다른 목소리들을 통해 논쟁을 가속시킨다. 이 논쟁은 불협화음만 나고 협상도 없고 열매도 없이 끝난 듯 보이지만 침묵을 증가시키며 초점을 돌리고 어린 제3자를 포용하는 열매를 맺는다. 논쟁하는 목소리의 주인공들은 욥의 아내, 엘리바스, 빌닷, 엘리후 그리고 욥이지만, 실제 가장 중요한 논쟁자는 1장의 천상에 등장하는 야훼와 사탄, 즉 하늘에 있는 존재들이다. 반면 이 천상의 실상을 모르는 땅에 있는 대화자들의 의견 차이는 갈수록 더 심해지면서 극심한 해석의 갈등을 불러일으킨다. 이 갈등은 욥이 살던 시대를 넘어 현대를 살아가는 우리에게도 여전히 폭발력을 가지고 있는데, 그 말인즉슨 이 화두가 인류 보편의 난제이기도 하다는 뜻이겠다.

욥기를 '의인의 고통과 인내를 통한 신앙의 승리'라는 주제로 쉽게 해석하는 경향은 서론(1~2장)과 결론(42:7~17) 부분을 중심으로 해석할 때의 관점으로 볼 수 있다. 실제로 3장의 욥의 생일 저주로부터 시작된 본론의 내용들, 즉 세 친구와의 대화(3~27장), 지혜의 찬미(28장), 욥의 마지막 고백(29~31장), 엘리후의 발언(32~37장), 그리고 하나님의 폭풍우 언설(38~41장)까지 다 읽고 나면 더 이상 이 책의 주제를 '의인의 고난과 경건자의 승리'로 이야기하기 어렵다.[4]

따라서 기존의 전통적인 욥기 해석은 최근 의문에 붙여졌다. 하나는 신앙적 읽기로서 욥이라고 하는 의인의 <인내하는 신앙의 승리>라는 해석이고, 다른 하나는 신학적 읽기로서 <왜 의인은 고난을 받는가에 대한 신정론적 주제>이다.[5] 하지만 전자는 '나는 죽기까지 나의 '온전함'을 포기하지 않겠다' 말하는 욥의 정당함이 무엇을 말하는지 이해하기 어렵고, 후자인 '하나님이 잘못 했을 리는 없어, 그런 식으로 말하면 신성모독이지'하는 친구들의 대변은 '누구라도 잘못을 했어야' 하는 희생양 메커니즘에 빠지게 만든다. 사실 이 프레임에 충실한 결과, 의인 욥은 친구들의 정죄와 판단에 계속 시달려야만 했다.

 그렇다면 우리는 해석의 갈등요소를 딛고 욥기를 어떻게 읽어야 할까? 이를 위해 친구들과의 논쟁으로 들어가 이 난제가 말하고자 하는 바를 살펴보고자 한다. 구체적인 의의 실체[6]가 벗겨지는 과정 가운데로 말이다.

2
\

> 엘리바스 : 죄 없이 망한 자가 누가 있는가? 다 심은 대로 거두는 것이다. 사람이 어떻게 하나님 앞에서 의롭고, 깨끗할 수가 있겠나. 내가 자네라면 하나님께로부터 오는 징계를 잘 받겠네. 그러면 앞으로 다 잘 될 거야.
>
> 4:7~8, 5:8

다 심은 대로 거두는 법

이제 이 난제를 친구들과의 논쟁으로 들어가 살펴보자. 첫 바퀴에서 엘리바스와 빌닷은 욥에게 측은지심을 가지면서도 (2:11~13) 생전 보지 못했던 하나님께 대한 욥의 불경한 언사와 반항적 태도(3장, 6~7장)에 충격을 받는다. 그들은 한결같이 욥을 선도하여 '희망'을 제시하고자 하지만 욥을 비롯하여 그들이 있는 힘을 다해 붙들고 있는 인과응보를 만족시키는 하나님이라는 윤리적 교의에 매번 걸려 넘어진다.

이 논쟁의 딜레마는 하나다. 만일 욥의 삶이 정직한 것이었다면 그에게 이런 고난과 질병이 닥칠 이유가 어디에 있는가?[7] 의로운 욥을 벌하시는 하나님은 불의한 존재가 되기에, 그들은 인간의 운명을 주관하시는 신을 구제하고 변호하기 위해 욥에게서 불의한 요소들을 찾아 돌이키기를 원한다. "죄 없이 망한 자가 누가 있는가? 다 심은 대로 거두는 것이다. 사람이 어떻게 하나님 앞에서 의롭고, 깨끗할 수가 있겠나. 내가 자네라면 하나님께로부터 오는 징계를 잘 받겠네. 그러면 앞으로 다 잘 될 거야(4:7~8, 5:8)." 엘리바스의 말은 그럴듯해 보이지만, 배후에는 '인간이 죄를 짓고 안 짓고'에 따라 하나님이 움직여준다는 생각이 전제되어 있다.

그러나 욥의 의문은 이런 것이다. 그들이 욥과 하나님의 생생한 실존적 신뢰의 경험을 아는가? 그 프레임은 현재 자신에게 일어나고 있는 이 상황과 꼭 맞는 걸까? 결과적으로 보면 이 과정은 욥에게는 손해를 끼쳤지만 하나님은 내기의 유익을 얻으셨지 않은가?

인과적인 프레임에 따르면 모든 것은 완벽하게 맞아떨어져야 하지만 이상하게 삶에 빗대어 보면 항상 모순이 일어난다. 4~5장 전체를 주의 깊게 살펴보면, 우리는 엘리바스의 논리가 그렇게 일관되지 않음을 발견하게 된다. 그는 4장 6~8절에서 착한 사람은 파멸을 면하고, 악한 사람은 파멸된다는 일반적 보상원칙을 제시한다. 심은 것은 악행이며 그 결과 괴로움과 근심을 거두고 있는 중이다. "재앙이 땅에서 솟을 리 없다"(5:6), 그러나 이 보응의 원칙은 엘리바스가 경험했고 전제하는 욥의 의인 됨에 상반된다. 그는 욥이 참으로 온전한 사람이고, 아무것도 두려울 게 없으며, 앞으로 구원받을 희망이 있다고 말하면서, 왜 고통당하고 두려워 떨고 있는지 알 수 없다. 그는 골머리를 앓으며 이 모순을 해결하는 데 집중하다 보니 정반대로 욥의 정죄 거리를 샅샅이 찾는 모순이 생긴다.

욥은 엘리바스의 이야기를 듣고 고통에 차서 부르짖는다. 엘리바스는 하나님이 인간의 높은 윤리적 자질에 근거하여 기도를 들어주신다고 생각한다. 즉, 개인의 의를 윤리적 측면에 고정시킨다. 이에 욥은 "차라리 나를 죽여라. 내 재앙을 좀 재어 보게. 난 하나님의 말씀을 한 번도 거스른 적이 없었어. 내 나름대로 최선을 다했어. 자네들은 내 몰골을 보고 기겁했다가 나를 심판하러 왔구나. 내가 무슨 잘못을 했다고 그러나?"라고 저항한다. 그리고 친구를 향해 탄식하며 말한다. "너희가 그렇게 말하는 건 '두려움' 때문이야. 자네들은 뭐가 두려운 거지? 진실로 너희가 안다면 나를 깨닫게 해서 구원할 텐데 자네들은 흘렀다 말랐다 하는 얕은 시냇물 같아서, 더 이상 믿지 못하겠네."

> 친구라는 것들이 물이 흐르다가도 마르고 말랐다가도 흐르
> 는 개울처럼 미덥지 못하고, 배신감만 느끼게 하는구나.
>
> **새번역, 6:15**

> 너희가 이 개울과 무엇이 다르냐? 너희도 내 몰골을 보고서, 두려
> 워서 떨고 있지 않느냐? 내가 너희더러 이거 내놓아라 저거 내놓
> 아라 한 적이 있느냐? 너희의 재산을 떼어서라도, 내 목숨 살려 달
> 라고 말한 적이 있느냐?
>
> **새번역, 6:21~22**

고통당하는 친구를 동정하지 않는 것은 하나님을 무시하거나 반대로 자신 안에 두려움이 있기 때문이다. 필사적으로 원인을 찾아서 위로를 주기 원하는 친구들은 결국 상실만 철저하게 재확인하게 될까 봐 두려움을 가장하려고 케케묵은 전통에 매달린다. 그들에게는 아무리 뒤져보아도 욥의 고통을 이해하거나 위로할만한 흔적이 없다. 위대한 사람은 때로 남에게 기댈 데가 없다. 친구들에게서 더 이상 의지할 곳을 찾지 못하게 되자 비로소 욥은 기도를 시작한다.

주님 저를 기억해주세요. 제 생명이 너무 허무합니다.
7:7

우리 삶에는 많은 사람이 함께하지만 타인이 나를 이해하기도, 내가 타인을 이해하기도 정말 어렵다는 것을 매 순간 깨닫게 된다. 그 순간이 절망의 나락으로 떨어질 것인지, 새로운 차원의 기도로 바뀔 것인지는 결정적인 선택의 기로일지 모른다. 욥은 고통과 골치 아픈 논쟁 속에서도 하나님의 뜻을 알기 원했다.

이제는 제 눈이 더 이상 기쁜 순간을 볼 수 없겠죠. 왜 저를 이렇게 괴롭히고 감시하십니까, 주님. 사는 게 쉽지가 않습니다. 제 날들의 한숨과 호흡을 쉴 수도 없으니 내버려 두십시오. 저를 용서해주세요. 제 잘못을 없애 주세요. 그러나 주님께서 저를 찾으셔도 저는 그곳에 없을 것입니다.

기도에는 두 가지 초점이 있다. 하나는 무엇에 관해 이야기하든 하나님과 끊이지 않고 관계를 맺고 있다는 것이고, 다른 하나는 하나님께 마음을 맞추는 것이다. 우리가 하나님의 근원에 가까이 가고 있다고 확신할 때마다 실은 더 깊이 가까이 가야 할 것이 남아있다. 일치에 이르기 위해 가장 필요한 것은 무엇이든 주님께 아뢰는 자세다. 사회 심리학자 조너선 하이트Jonathan Haidt의 말처럼, 인간은 자기가 쌓은 업적을 통해 자기의 노력과 의, 경력, 관계, 성취를 자랑하고 선으로 만들려는 정상적 보편성이 있다.[8] 그것은 너무 자연스러운 일이라 그 모든 것들이 사라지고 난 후에야 의로움에는 은혜 외엔 자격이 없음을 확인하는 것이다. 기도는 하나님께 일치했다고 생각했던 많은 것이 사실은 다른 것에 기대있었다는 것을 확인한 후에도 여전히 돌아갈 수 있는 힘이다.

3

빌닷 : 하나님이 잘못 판단하셨겠어? 자네가 잘못이 없다면,

자네 자녀들이 잘못한 걸 거야. 자녀 문제를 돌아보게. 그러

면 다시 희망이 생길 거야.

8:3~7

자식들이라도 잘못했겠지!

엘리바스와 같은 맥락이지만 빌닷의 조건적 해법은 '연좌제'이

다. 일종의 가계도의 저주를 푸는 이 작업은 미래에 대한 희망으

로 우리가 익히 아는 유명한 성경 구절(8:7)이 담보로 설정되어

있다.

하나님이 어찌 정의를 굽게 하시겠으며 전능하신 이가 어찌

공의를 굽게 하시겠는가 네 자녀들이 주께 죄를 지었으므로

주께서 그들을 그 죄에 버려두셨나니 네가 만일 하나님을

찾으며 전능하신 이에게 간구하고 또 청결하고 정직하면 반

드시 너를 돌보시고 네 의로운 처소를 평안하게 하실 것이

라 네 시작은 미약하였으나 네 나중은 심히 창대하리라

8:3~7

빌닷은 엘리바스와 마찬가지로 '고통은 곧 악에 대한 징벌'임을 굳게 믿는다. 욥의 고통은 그의 죄를 입증하는 것이다. 그것을 인정하지 않으면 하나님께서 불의를 행하시는 꼴이 되기 때문에 욥이 잘못한 게 없다면 그의 자녀들이라도 벌을 받을만한 행동을 했을 것이라고 굳게 믿는다(8:4). 이 고통은 반드시 원인이 있고 누구라도 반드시 책임을 져야 한다.

안타깝게도 빌닷의 이러한 확신은 욥의 탐구에 도움이 되기보다는 그의 마음을 사정없이 아프게 파고들 뿐이다. 그의 해결책은 일종의 조건부에 기반하고 있는데, 항상 조건부적 해결책은 인과응보의 손바닥에 예측 불가한 삶을 올려놓고 지키는 방법론 중의 하나다. 그의 해법 첫 번째는 오롯하게 믿는 마음으로 하나님을 찾고 그분께 자비를 간청하는 것이며(8:5), 두 번째는 반드시 도덕적으로 '결백하고 옳아야' 한다는 것이다(8:6a). 희망은 욥이 자녀들의 죄까지 샅샅이 뒤져서 이 조건들을 갖추는 것에 있고, 그리하면 하나님께서 그의 소유를 되돌려주실 것이다(8:6b).

욥은 답답하다. 이 친구들의 말이 도무지 영혼에 와 닿지 않기 때문이다. "그런 조건을 갖추면 죄 없는 의인이 된다고? 하나님 앞에서 죄 없다 할 사람이 어디 있겠어? 내가 의롭다고 해도 대답도 안 해 주시니 그저 불쌍히 여겨달라고 빌 수밖에 없네. 하나님이 빼앗으시면 누가 막을 수 있겠나. 그분이 태풍으로 나를 치시네."(9:2~3,12,17) 사실, 친구들의 이야기는 마치 온 우주가 개인을 중심으로 운행하고 있는 듯한 말이다. 태풍 때문에 천지에 홍수가 나고 수천 채의 집이 쓸려나가고 있는데 "하나님, 제가 뭘 잘못했기에 이러시나요? 저는 어떻게 모면하나요?"라고 말하는 것은 적절하지 않다. 악인의 손에 넘어간 세상 한 가운데서 어떻게 재앙을 피해가겠는가? 필요한 것은 온 세상에 편재한 고통과 거대한 재앙 앞에서 모두가 상처받고 있고 고통받고 있음을 알고, 그분이 우리를 지키지 않으시면 피할 데가 없다는 운명 앞에 서는 것이다.

주님께 기도합니다.

제가 다 잘했다는 게 아니라 그저 너무 아프고 아픕니다.

이 고백에 이르기가 왜 그렇게 힘들었을까? 주께서 죄를 덮어주시지 않으면 옳다 여길 자가 누가 있겠는가? 사람의 의는 '그분이 우리를 덮어주시는 은혜'에 있다. 욥의 기도는 자기의 의를 방어하려는 애씀과 저항을 넘어 은혜로 나아가며 그제야 비로소 자신이 아프다는 것을 인지한다. '내 잘못이 아니야. 행복한 삶이 자기의 공로가 아니듯이 재앙도 내 잘못은 아니다.' 그러기엔 이 세상에 편만한 이유 없는 고통이 너무 크다. 논쟁의 딜레마와 모순 덕으로 잇달아 일어나는 불행의 씨앗이 자신의 존재 자체라는 죄책감이 희미해지자, 불행의 원인을 설명할 수 없는 무력감이 찾아오며 욥은 비로소 자기가 아프다는 것을 알아차렸다. 손으로 억지로 가리고 있던 눈물을 그저 흐르도록 내버려 두자, '내 잘못도 네 잘못도 아닌 무언가가' 어렴풋이 보이기 시작했다. 내가 나를 해치지 않는 한, 누구도 나를 해칠 순 없다. 욥은 일어섰다. 최소한 타인의 고통에 대한 성실한 개입은 긴 세월 신뢰하며 살아온 자신과 야훼에게만 가능한 일이었다.

4

소발 : 욥, 네가 옳다고? 네가 하나님의 신비를 네가 어떻게 알 수 있겠니? 하나님은 숨은 죄라도 다 아신다.
11:1~20

숨겨놓은 죄라도 있을 거야!

소발은 하나님의 신비를 들어 욥을 질책한다. 신비가 숨은 죄까지 추격하는 정죄의 도구로 사용되는 이 아이러니라니. 자녀들의 잘못에 이어 숨겨진 영역의 잘못까지 인과응보론에 사용된다. 욥은 이제 알아차렸다. 논쟁을 거듭할수록 욥은 강해지며 지혜로워진다. 그는 정확히 안다. 소발의 이 말은 얼핏 맞는 말 처럼 보이지만 맞지 않는 말이라는 것을. 신비란 그저 모름의 영역을 퉁친 것이나 증명되지 않은 논리를 주장하기 위해 쓰는 방패가 아니다. 동기, 역동, 감정, 깊은 마음, 무의식을 모르고 신비를 지식으로 아는 소발 같은 지혜자들이 있다. 욥은 그런 소발에게 "정말 자네들이 다 알아? 자네들 죽으면 지혜가 다 없어지겠네?"(12:1~2)라고 비꼰다. "내가 자네들보다 지혜가 모자라나? 나도 어찌 생각하면 '악해서 그런 주제에, 벌 받는 주제에 하나님을 마음대로 주무른다'라고 볼 수도 있지만 그렇지 않아. 자네들보다 차라리 들짐승이나 땅이나 생물들이 하나님에 대해 더 잘 알 거야."(12:3~8)

욥은 이제 친구들이 사실 하나님에 대해서도, 삶에 대해서도 잘 모른다는 것을 깨달았다. "그런 하나님 가지고는 이 문제가 해결되지 않아. 말할수록 깨달아지는 게 아니고 점점 미궁에 빠지니 이제 알겠네. 자네들 말하는 거 그냥 별거 아니군. 나도 그 정도는 알아. 이제부터 나는 전능자한테 말씀드리고 의논할 거야."(12:3) 갈수록 논쟁은 짧아지며 기도는 길어진다. 그리고 그 기도는 자기의 상한 심정을 그대로 토설하는 것으로부터 '알 수 없음'을 인정하는 대로 나아간다. "잘 모르겠습니다, 주님. 그러나 저는 믿습니다. 저는 제 마음에 대해서 정직합니다. 주님, 제발 제 말 좀 들어주세요. 왜 저를 피하십니까? 나의 허물과 죄를 알게 하옵소서."(13:23)

세 친구가 말하는 초점은 하나님을 변호하는 형식은 취했지만, 실은 자신들이 기반한 전통적이고 사회적인 이해를 확고하게 만드는 일에 몰두하는 것이다. 하나님은 정의의 하나님이시다. 그분은 개개인을 살피시며 의인에게 상을 주시고 악인에게 벌을 주신다. 그리함으로써 인간사회는 질서를 유지하게 되고 안전하게 되는 기반에 서 있다. 이는 독자들로 하여금 하나님 자신이나 은혜와 믿음에 집중하기보다 매우 익숙한 보상원리를 인식하게 한다. 그러나 이 원리는 이미 1장에서부터 의문시되었다. 엘리바스는 이러한 하나님을 방어함으로써 결과적으로는 무자비한 하나님으로 만들게 된다. 같은 원리로 빌닷은 도덕 질서를 강조하며 욥이 과격한 행동과 말을 바꿔야 더 나은 현실을 맞이할 수 있다고 생각하며 조건부 의를 말했다. 지혜자 소발은 측량할 수 없는 하나님의 신비를 인정하지만 그 역시 은혜가 아니라 내면의 죄의 문제로 단정 짓는 조건부 틀에 매여 있다.

3장 구조가 밝혀 주는 것

그런 하나님으로는 도저히 안 되겠기에

1

 의인의 고통과 하나님의 정의에 관한 딜레마는 욥기의 단골 이 슈다. 그런 의미에서 욥기는 의인에게 고통이 오는 것은 하나님의 오류요 잘못이라고 모든 의인들이 신에게 보내는 고발장이기도 하다. 이 지점에서 차마 신성모독의 죄를 저지를 수 없을 때 선택 하는 것이 욥의 세 친구가 했듯이 고통을 겪는 자에게 내리는 정 죄와 죄의 추적이다. 욥의 친구들의 정죄와 욥의 자기 정당성 주장은 반대편에 서 있는 것 같지만, 이러한 측면에서 본질적으로 같은 맥락에 서 있다. 욥과 친구들은 자기도 모르게 하나님의 의를 소유화함으로써 그 의가 보이는 소유를 보장하는 도구처럼 되었다는 전제를 인지하지 못했다. 즉, 어처구니없긴 하지만 사람과 세계가 가진 윤리적 질서가 하나님보다 더 큰 부등호 구조를 지니게 된 것이다.

욥기의 구조를 보면 이 논쟁이 기반으로 하는 인과응보의 범위가 조금씩 넓혀지면서 회가 거듭될수록 논쟁보다는 침묵기도 속의 틈이 벌어지고, 그곳을 통해 욥이 차원을 이동하면서 조건화된 하나님과 세계를 벗어나 살아계신 하나님의 현현을 경험하는 중간 다리가 놓인다. 욥과 동료들 사이의 논쟁은 세바퀴로 구성되며, 엘리바스-욥-빌닷-욥-소발-욥 등 여섯 차례의 담론으로 꾸며진다. 이를 도표로 표시하면 다음과 같다.

제1 논쟁 (4:1~14:22)	엘리바스	4:1~5:27(98연)
	욥	**6:1~7:21(107연)**
	빌닷	8:1~22(49연)
	욥	**9:1~10:22(139연)**
	소발	11:1~20(49연)
	욥	**12:1~14:22(157연)**

	엘리바스	15:1~35
제2 논쟁	욥	16:1~17:16
	빌닷	18:1~21
(15:1~21:34)	욥	19:1~29
	소발	20:1~29
	욥	21:1~34
	엘리바스	22:1~30
제3 논쟁	욥	23:1~24:25
	빌닷	25:1~6
(22:1~31:40)	욥	26:1~28:28
	욥의 최후변론	29:1~31:40

<표1. 세바퀴 논쟁>

이 도표에서 보는 바와 같이 욥의 세 동료가 돌아가며 각각 담론을 펼치면 그때마다 욥이 이에 응답한다. 이 가운데 욥의 담론은 동료들보다 눈에 띄게 길다. 엘리바스의 첫 번째 담론(4~5장)은 다른 두 동료에 비해 상당히 긴 편이지만(98연), 그만큼 욥의 첫 번째 응답이 좀 더 길다(107연). 상대적으로 빌닷과 소발 담론의 전체분량은 둘 다 똑같이 49연에 지나지 않으며, 엘리바스의 첫 담론 분량 정도밖에 안 된다. 이유는 아마도 엘리바스의 담론이 다른 두 친구의 담론에 흐르는 인과응보의 프레임을 기반으로 공유하기 때문일 것이다. 반면에 욥의 담론은 처음엔 107연이었다가 139연, 157연 등으로 점점 더 길어진다. 어떻게 보면 이 대응하는 과정을 통해 욥은 더욱 사실과 진실에 가까워지고 더

욱 자기의 정체성을 확보해 나간다. 즉, 세바퀴 논쟁이 심화될수록 그 논쟁 사이에 하나님을 향한 욥의 '독백과 탄식'의 기도 또한 심화되어 나타난다. 이 과정 전체를 표현하자면 다음과 같이 그릴 수 있다. (표2.)

2

\

세바퀴 논쟁의 전체 구조에서 가장 중요한 것은 도표에서 빗금과 〈 〉으로 표시된 문답 구조 뒤의 불연속 지점이다. 첫 포문을 엘리바스가 열고 욥이 답한다. 욥은 이렇게 엘리바스와 언쟁을 벌이는 와중에 마치 탄식하듯, 친구들의 질문과 상관없는 비약적 독백형식의 기도를 올린다. 사실 이 지점이 욥이 후에 전복적 비약을 가능하게 하는 틈이라고 할 수 있다.

이 세 번의 논쟁은 조금씩 다른 양상을 띠며 전개되는데, 우선 1, 2차 논쟁은 비슷한 양상을 보인다. 분명 그를 위로하러 온 친구들은 갈수록 미궁에 빠져서 마치 심판자라도 되는 양 태도가 바뀐다. 파스칼이 그의 소설 〈팡세〉에서 말했듯이, "우리를 비참함에서 위로해주는 유일한 것은 심심풀이다.[9]" 타인의 고난 앞에서 논쟁하는 자는 그 고난을 당하지 않은 내가 그래도 우위에 서

프롤로그	1:1~2:13	하나님-사단/천사들
흑암과 고립	3:1~26	하나님/욥/세계
세바퀴 논쟁 대비구조 (틈/점진성)	제1 사이클 (4:1~14:22)	<엘리바스 ↔ 욥>
		///////////////////////////////
		<빌닷 ↔ 욥>
		///////////////////////////////
		<소발 ↔ 욥>
		///////////////////////////////
	제2 사이클 (15:1~21:34)	<엘리바스 ↔ 욥>
		///////////////////////////////
		<빌닷 ↔ 욥>
		///////////////////////////////
		<소발 ↔ 욥>
		///////////////////////////////
	제3 사이클 (22:1~31:40)	<엘리바스 ↔ 욥>
		///////////////////////////////
		<빌닷 ↔ 욥>
		///////////////////////////////
		소발(침묵)
		////욥의 회상(임재와 부재)////
	엘리후의 연설 (32:1~37:24)	엘리후의 발언
		//////////욥(침묵)//////////////
하나님의 질문과 욥	신-인 (38:1~42:6)	하나님의 현현과 폭풍 질문1
		//////////욥의 반응1//////////
		하나님의 현현과 폭풍 질문2
		//////////욥의 반응2//////////
에필로그	신-인-세계 (42:7~17)	욥과 친구들의 말에 대한 하나님의 평가와 욥의 회복

<표2. 욥기 전체구조(틈과 불연속 지점)>

있는 것 같은 마음을 표현하고 싶은 것인지도 모른다. 파스칼은 그래서 심심풀이가 우리 자신에 대한 생각을 가로막고 우리를 모르는 새에 멸망으로 향하게 만든다고 말한다. 그는 인간에 대해 찬양하기만 하는 사람, 비난하기만 하는 사람, 심심풀이만 챙기는 사람을 모두 비난한다고 하며, 결론적으로 자신이 인정하는 사람은 오직 신음하면서 진실을 추구하는 사람뿐이라고 결론짓는다.

논쟁 구도에서 일어난 해석의 갈등은 두 차례의 갑론을박과 탄원 기도의 과정을 거치니 세 번째부터는 양상이 바뀌기 시작한다. 이제 욥은 반박하지 않는다. 욥은 어느 순간 더 이상 친구들과 같은 차원에서 대립하는 것을 그만둔다. 어떻게 하면 이 저주받은 폐쇄 회로에서 벗어날 수 있을까? 욥은 탄식하며 이 구토 나는 현실 속에서 아름다웠던 하나님과의 기억을 되살린다. 다시 돌아올 기차표는 없다. 어쩌면 막다른 골목에서 우리가 기억하고 떠올리는 것이 우리의 정체성이자 전환을 위한 예표일지도 모른다.

묘하기는 하지만 전환의 조짐은 대립 논쟁들 후에 존재하는 불연속지점, 즉 침묵과 독백, 애매하지만 기도로 넘어가는 영역이다. 이 조짐의 시작은 자신의 정체성을 저주하는 욥의 독백(3장)

부터 전조기미를 보였다. 새로운 존재의 출발은 이전의 고집스러운 욥의 의지를 지속시키기보다 얼핏 불경스러워 보이는 불연속 지점에서 발견되는 충돌 지점이다. 3장의 시작은 1장 21절이나 2장 9~10절의 욥의 신앙고백과는 전혀 다른 부정적 분위기를 내포한다.

> 그의 아내가 그에게 이르되 당신이 그래도 자기의 온전함을 굳게 지키느냐 하나님을 욕하고 죽으라 그가 이르되 그대의 말이 한 어리석은 여자의 말 같도다 우리가 하나님께 복을 받았은즉 화도 받지 아니하겠느냐 하고 이 모든 일에 욥이 입술로 범죄하지 아니하니라
> **2:9~10**

2장의 이 온전한 욥의 경건한 모습은 3장으로 가면서 독자가 무색할 정도로 돌변한다.

> 드디어 욥이 말문을 열고, 자기 생일을 저주하면서 울부짖었다. 내가 태어나던 날이 차라리 사라져 버렸더라면, '남자 아이를 배었다'고 좋아하던 그 밤도 망해 버렸더라면, (...) 마

침내 그렇게도 두려워하던 일이 밀어닥치고, 그렇게도 무서

워하던 일이 다가오고야 말았다. 내게는 평화도 없고, 안정

도 없고, 안식마저 사라지고, 두려움만 끝없이 밀려온다!

새번역, 3:1~3, 25~26

이젠 그전의 욥의 '온전해 보이는'[10] 경건 안에서 욥이 제 생일을
저주하는 맥락을 어떻게든지 무마해보려는 시도는 적절하지 않
다. 혹여라도 욥의 말을 단순하게 현상적으로만 판단하여 3장에
이르러서 그가 불경건해졌다고 판단해서는 안 된다. 사실은 이제
부터가 중요하다. 옛것이 해체되고 전혀 새로운 것이 형성되어야
한다. 새 술을 헌 부대에 담을 수는 없다! 욥은 낯선 길을 떠나야
하며, 하나님은 아브라함을 부르시듯이 시험하시며 옛터, 가족,
소유들을 버려두고 새로운 땅과 관계로 부르신다. 이 부르심은
모순처럼 보이는 독백들을 지나야 한다. 산은 산이다. 그러나 산
은 산이 아니다. 아님을 거치고 나면 비로소 산은 산이다. 이 좌
충우돌 분위기는 욥과 동료들의 논쟁 대화가 끝나는 31장까지
틈틈이 계속되지만, 이 지난한 시간을 통과하여 비로소 욥의 인
식이 갇힌 인식의 폐쇄 회로를 넘어선다. 야훼와 욥의 대화 부분
(38:1~42:6), 그리고 맺음말(42:7~17)에서 보이는 차원 다른 초

월적 객관성이 이 지난한 과정을 통과했기 때문이다. 즉, 인과응보 논리의 연속성이 가진 딜레마와 대립을 통해 욥과 친구들이 틈이 생겨나고 점차 신관과 세계관이 점진적으로 변화되는 구조로 되어 있다.

3
\

욥의 첫 번째 대답 3장과 두 번째 대답인 6~7장에 이어서 세 번째 대답인 9장에 이르자 욥은 드디어 급진적 사고에 이른다. 이는 의인-형통, 악인-고통의 도식을 성취할 의무가 있는 하나님이 자신의 정체성과 일치되지 않음에서 비롯된 것이다.

> 그러므로 나는 "그분께서는 흠이 없는 사람이나, 악한 사람이나, 다 한 가지로 심판하신다"하고 말할 수밖에 없다. 갑작스러운 재앙으로 다들 죽게 되었을 때에도, 죄 없는 자마저 재앙을 받는 것을 보시고 비웃으실 것이다. 세상이 악한 권세자의 손에 넘어가도, 주님께서 재판관의 눈을 가려서 제대로 판결하지 못하게 하신다. 그렇지 않다고 하면, 그렇게 하는 이가 누구란 말이냐?
>
> **새번역, 9:22~24**

이 반전은 이전 욥의 삶에는 맞아떨어졌지만 무엇보다 욥의 생생한 현재의 경험에 맞지 않는다. 하나님이 아니면 자신이 그릇될 수밖에 없는 노릇이다. 친구들의 말 자체에도 모순이 생기지만, 욥은 아무리 살펴봐도 하나님과의 관계에서 자신이 '온전함'을 뚜렷이 의식하지만, 동시에 자신을 그릇된 존재처럼 만드는 현실적 딜레마를 직시한다. 욥은 지금 일어나고 있는 생생한 현실에 비추어 해석의 충돌을 받아들인다. 충돌의 강렬함은 9~10장에 와서 새로운 차원의 강렬함과 날카로움으로 발전한다. 그것은 이 고통의 원인이 자신이나 선악에 있는 것이 아니라 바로 '하나님 자신에게 있다는' 다소 불경스러운 발견이었다.

> 이것은 마찬가지이다. 그러니 내 말인즉, 그분은 온전한 사
> 람이나 사악한 사람이나 모두 멸하신다.

이 딜레마 가운데 욥이 '그래, 무언가 내가 잘못했겠지.'라고 접는 것은 결코 진실한 신뢰가 아니다. 승복은 정직해야 하며, 그렇기에 이 지루해 보이는 공방전은 진실하다고 인정받는다. 그렇게나 명료했던 욥의 신앙은 오리무중에 빠진다. '나는 나 자신을 모르겠다.', '분명한 것은 하나님은 온전하든 사악하든 파멸시키신

다는 사실이다.' 무기력에 빠진 욥은 내 목숨에 관심이 없다, 나는 온전하다 등의 진술을 오락가락한다.

이 틈새에서 발견되는 이 갈등과 해석의 충돌이 왜 중요한가? 욥이 하나님께 불평하는 까닭은 의로운 사람에게 고통을 주시고 악인들이 만사형통하기 때문이 아니다. 오히려 똑같이 대하신다는 것이다! 이어지는 23~24절에서 하나님이 "무죄한 이들의 절망을 비웃으시고", "땅을 악인의 손에 넘기셨다."고 비난한다.

> 욥은 이 고통이 윤리적으로 의인과 악인을 뚜렷이 구분한
>
> 결과가 아님을 알아챈 것이다!

오직 믿음은 비인격적 비감정적 복종이 아니라 온전하게 인격적이고 온전하게 동기까지 승복하는 힘이다. 여기서 하나님이 욥을 의롭게 보시는 이유가 발견된다. 욥은 진정한 믿음의 투쟁을 이제 막 시작했고 하나님에 대한 분노와 자기에게 일어나는 불신에 대한 분노와 불의도 다루어져야 한다. 하나님이 불의해 보이는 현상에 의해 욥의 안에 있던 불의가 표면화되고 있는 것이다. 논쟁은 더욱 극단적으로 달리며, 그 결과 이 감정 깊은 곳의 불의와 불신을 더욱 드러내면서, 은연중 하나님 대신 자리한 '좋아 보

이는' 세계관이 자신의 삶에 주권을 가지고 있었음을 깨닫게 된다. 그렇다. 이 '하나님은 의인과 악인을 구분하지 않고 해를 비추시고 비를 내리시는' 자유와 주권을 가지신 분이다.

쓰라리지만 신성모독과도 같은 이 발견은 의인-형통, 죄인-멸망의 프레임이 깨어지는 고통과 더불어 두 친구와의 대립과 갈등, 세 번째 친구인 소발의 여지 없는 정죄에 의해 더욱 촉발된다. 우리의 불의는 계명과 함께 깊은 곳에 숨어있는 감정과 동기가 드러날 만한 '기회'가 없다면 결코 드러나지 않을 것이다. 갈수록 정죄는 심해진다. 비록 그 기반이 아주 협소한 인간중심의 하나님이긴 했지만 최소한 엘리바스와 빌닷은 표면적으로나마 욥의 의인 됨만큼은 인정해 주었다. 그런데 소발은 욥이 고통받는 것은 죄를 지은 결과라고 가차 없이 말한다. 첨예해지는 대립각은 앞으로 솟아오르듯이 발견되는 깨달음의 전조다. 단계마다 하나님을 알아가는 이 인식의 변화는 12장의 도입 부분에서 드디어 지식 혹은 이성과는 다른 '지혜'의 발견이다.

그러나 나도 너희만큼은 알고 있다.

내가 너희보다 못할 것이 없다.

너희가 한 말을 모를 사람이 어디에 있겠느냐?

한때는 내 기도에 하나님이 응답하신 적도 있지만,

지금 나는 친구들의 웃음거리가 되고 말았다.

의롭고 흠 없는 내가 조롱을 받고 있다.

새번역, 12:3~4

'부르면 척척 응답해 주시는' 하나님은 묘하게도 착하면 형통한다는 인과율과 닮았다. 욥이 부르면 하나님은 반드시 응답하셨다. 욥기 1장에서 사탄의 문제 제기를 볼 때 지금까지의 하나님의 응답이 분명히 괴롭힘과 고통은 아니었을 것이고 무응답이나 부재도 아니었을 것이다. 욥은 부르면 늘 답해 주셨던 달콤한 반응을 상기한다. 그러나 욥은 이제 경험한다. 이 응답이 하나님의 자유와 주권을 인정하는 것이 아니라면, 이 무응답은 자기가 악해서 징벌을 받는 것으로 귀결된다. 이제 한 바퀴를 마치면서[11] 욥은 비로소 자신의 의로움이 아니라 '하나님의 의'이자 개인의 의를 넘어선 '전체적인' 의를 바라본다.

4장 모름을 인정하니 사실이 보이더라

하늘의 초월은 땅의 사실로부터

1

철석같이 알고 있고 그 앎에 근거하여 복을 누릴 자격이 있다고 믿었던 자신을 내려놓자, 욥은 처음으로 쳇바퀴 논리에서 벗어나 삶이 제공하는 사실에 직면한다. 삶은 네모반듯하지 않았다! 자신이 당하고 있는 재앙이 자기의 죄 때문이 아니었듯이, 지금까지 누리고 있던 부요 역시 자기의 의로움 때문이 아니었다! 하나님의 전적 주권에 따른 은혜였다! 이 믿음이 최고조에 이른 것은 바닥과 같은 절망 지점에서다. 욥은 친구들이 하늘에 계신 그분과 자신을 중재해 주기를(16:21b) 원했으나, 20장에서 소발은 다시 욥을 좌절 시켜 밑바닥에 눕힌다. 욥이 아무리 '온전하다'고 주장해도 소발은 앞장서서 욥이 '온전하지 않다'고 주장한다.

사실 이 대립각은 이 세상을 도덕 질서로 안전하게 보호하려는 세계관과의 충돌 때문에 생겨난 것으로, 세 친구는 이 세계관을 포기할 수 없었던 것이다.[12] 이 과정은 의를 단지 '도덕적 행실'로 보는 관점과 '하나님 중심의 의'로 보는 관점의 충돌과 그로 인한 긴장의 여정이다. 이 여정을 통해 욥은 스스로 계신 하나님을 신뢰하기 위한 긴장을 극복해 나간다.

이 지난한 과정을 통해 욥은 21장에 이르러 처음으로 시야가 확대되면서 악인들이 번영을 누리는 현실을 있는 그대로 바라보고 그 까닭에 관해 묻는다. 그는 현실이 단순한 보상원칙을 만족시키지 않는다는 것을 알았던 것이다.[13] 욥은 어떤 갇힌 회로에서 탈출했다. 좁은 시야에서 벗어나 차원 다른 사실을 객관화할 수 있는 무언가가 그를 사로잡았다. 그는 이제 중얼거리는 독백도 하나님을 향한 탄원 기도도 멈춘다. 뭔가 갇힌 인식 회로에서 새로운 메타인지meta-cognition가 탄생했다! 그 첫 번째는 맨눈으로 있는 그대로의 세상을 보는 것이었다!

욥은 친구들이 일관되게 주장해 온 보상원칙에 따른 정의의 원리가 너무 단순하고 자신도 지금까지 그 좁은 틀에 갇혀있었음을 발견했으며 그 동인이 두려움이었음을 알아차렸다. 욥은 21:7~16에서 친구들의 주장과 달리 악인들이 행복한 생애를 살고 있음을 묘사한다. 소발은 악인들의 기쁨은 그저 한순간이라고 했지만(20:5~11), 그들은 '자식들이 음악 소리에 흥겨워하는 것을 지켜보며 행복 속에서' 긴긴 세월을 보낸다(21:11~13). 엘리바스는 '악인들이 평생 공포에 시달리며'(15:20a) '태평스러울 때도 그의 귓가엔 무서운 소리가 울려 퍼진다'(15:21)고 말했지만, 실제로는 '그들의 집은 평안하여' 무서운 소리가 아니라 '손북과 피리 소리'(21:12)가 울려 퍼진다. 악인들은 마치 '빛의 절멸'(18:5~6)과 '진노의 날'(20:28)을 면제받는 것처럼 산다. 이것이 현실이다!

욥의 강점은 무지가 있다 해도 그대로 두고 시선을 계속 근본적인 질문에 둔다는 것에 있다. 욥은 친구들처럼 억지로 하나님의 방식을 자기 논리 안으로 구겨 넣지 않으며, 섣불리 깨달은 척 하지도 않는다. 욥은 악인들이 자신들의 악행을 가리고 사람들에게 추앙되며 권력을 얻고 많은 복을 누리는 것을 담담하게 객관적으로 바라본다. 어떤 이는 평안하게 죽어가지만 어떤 이는 고통 가운데 죽어간다. 그렇다. 삶은 불공평하고 자로 잰듯하지 않으며 예측 가능하지 않고 살아 움직인다. 인간의 의와 공평을 억지로 꿰맞추는 일은 옳지 않다. 한계와 고통이 있다고 하여 그것이 하나님의 불의나 불공정과 곧바로 연결되는 것은 더더욱 아니다. 욥은 두려움이나 조급함 때문에 자기 질문과 판단에 하나님을 곧바로 꿰어맞추려고 하지 않는다. 그저 잠잠히 서서 고통스럽지만 사실을 바라본다. 이 판단과 사실을 떼어놓기 위해 얼마나 많은 수고가 있었는가!

2
\

욥이 점점 깨어나는 반면에 친구들은 마치 의를 수호하는 군사들이라도 된 양 더욱 집요해진다. 세 번째 바퀴가 되자 엘리바스는 '욥의 큰 죄'(22:5)를 더욱 세밀하게 추적하기 시작한다. 욥은 '하면 안 될 일을 범한 죄'는 짓지 않았지만 '해야 할 일을 하지 않은 죄' 곧, 가난한 사람들에게 자선을 베풀지 않은 죄를 저질렀다는 것이다. 엘리바스는 "사람이 하나님께 무슨 유익이 되겠나. 설사 자네가 의롭다고 하더라도 그게 어떻게 하나님께 기쁨이 될 수 있겠나."라고 말하면서 한편으로는 욥의 잘못들을 일일이 나

열하며 욥의 의로움을 반박한다. "자네가 부자여서 돈을 빌려줄 때, 형제의 물건을 까닭 없이 저당 잡은 것은 기억이 안 나나? 사람들 옷을 뺏어서 벌거벗게 했잖아. 목마른 사람에게 물을 주고, 배고픈 자한테 음식을 주었나? 그러면서 권세나 부리고 귀한 척하면서 살았지."(22:6~9)

욥과 엘리바스는 근본적 차이가 있다. 엘리바스는 하나님의 의를 말하는 것 같지만, 실은 인간의 행위와 사회적 도덕 질서에 근거한 의를 지키려는 것이다. 욥에 대한 야훼의 칭찬을 기억하자. 그리고 사탄이 무엇을 죄라고 일컬었는지도 기억하자. 그는 알수 없는 고난과 정죄 중에도 도피하지 않고 용광로를 통과한다.

> 그러나 내가 가는 길을 그가 아시나니 그가 나를 단련하신
> 후에는 내가 순금같이 나오리라
>
> **23:10**

욥은 이번에는 엘리바스에게 대답하지 않는다. 이제 욥은 겉이 아니라 내면으로, 표면적 온전함이 아니라 영혼의 온전함으로 전환한다. 아니 그걸 주장할 힘도 없다. 빌닷도 다시 욥에게 말한다. "하나님이 높고 깨끗하셔. 우리는 구더기 같거든."(25:4~6)

말은 같지만 영혼이 다를 수 있다. 빌닷과 욥은 하나님께서 하찮은 미물과 같은 인간에 비해 무한히 위대하시다는 동일한 주장을 펼치지만 각기 의도하는 바는 전혀 다르다. 욥의 마지막 담론이 펼쳐지는 26~31장에는 더 이상 동료들과의 논쟁 담화는 없고, 단지 욥이 말을 받아 계속 이야기한다.

> 내가 살아 계신 하나님 앞에서 맹세한다.
> 그분께서 나를 공정한 판결을 받지 못하게 하시며, 전능하
> 신 분께서 나를 몹시 괴롭게 하신다. 내게 호흡이 남아 있는
> 동안은, 하나님이 내 코에 불어 넣으신 숨결이 내 코에 남아
> 있는 한, 내가 입술로 결코 악한 말을 하지 않으며, 내가 혀
> 로 거짓말을 하지 않겠다.
> **새번역, 27:2~4**

아이러니하게도 하나님의 살아계심은 의인 욥의 고난을 통해 명백해진다. 그분은 어떤 도덕적 인과적 질서를 창시하고 자동 기계처럼 돌아가게 하고는 감시 관리하는 노인네가 아니다. 빛과 어둠을 총괄하시고 복과 저주를 우리 앞에 두시며 복의 근원이 사람의 선한 행실이 아니라 당신이라고 말씀하신다. '살아 계

신 하나님'을 두고 하는 욥의 맹세는 참으로 아이러니하다. 권리를 박탈하고(27:2a) 영을 쓰라리게 하신(27:2b) '전능하신 하나님', '살아 계신 하나님'이라는 표현은 하나님의 존재에 대해 막연하게 인간 중심적으로 생각해 온 우리에게는 충격을 던진다.

논쟁을 하면 할수록 욥은 이 세상에서 벌어지는 일들이 하나님의 전적 주관 아래 일어나는 일임을 인정할 수밖에 없다. 현실이 그러한 것이다. 응분의 벌을 받아 마땅한 사람과 온전함으로 복을 받아야 마땅한 사람 사이에 환경적 고통의 차이는 없다. 이 울분은 아이러니하게도 욥이 자기 의와 환경을 넘어 '사실 그대로를 안고' 하나님을 직면하게 만들었다. 욥은 이제 기도와 탄원의 대상이 달라졌다. 아무것에도 매이지 않은 하나님, 자기의 의에 틀에 맞게 보답해야 하는 하나님이 아닌 참 하나님께 진실로 기도한다. 하나님 안에서만 욥의 의는 정당하며, 그 자리에서만 그의 움켜쥠은 욕심이 아니라 살려고 하는 생명의 의지가 된다.

내가 내 공의를 굳게 잡고 놓지 아니하리니
내 마음이 나의 생애를 비웃지 아니하리라

27:6

이제 욥의 의는 불안한 기반에 놓여 있지 않다. 초기에 욥의 의는 분명한 자기 정체성에 기초하지 않았으며 하나님이 주신 생명조차도 거부하였다. 그러나 욥은 기나긴 논쟁 가운데 '흔들리지 않는 내적인 의'에 눈 뜨게 된다. 그것은 자기 정체성, 오직 하나님의 의에 기반하여 새로 거듭난 정체성이었다.

고통에도 불구하고 욥은 그러한 현실 때문에 하나님을 포기하지 않는다. 도리어 이 잡힐 수 없고 알 수 없는 현실로 인해 "높은 이들을 심판하시는 분이신데 누가 감히 하나님에 관해 지식을 가르치겠는지"(21:22)를 통렬히 묻는다. 바로 이 지점이 사탄이 정죄하던 것, 욥은 하나님께 받은 부요와 축복의 대가로 하나님을 경외한다고 비난하던 것과 정반대 지점이다. 그러나 그렇다고 할지라도 여전히 불편한 지점은 남는다. 이러한 불편한 진실은 욥기를 읽는 독자의 몫이기도 하다. '어떻게 야훼께서 사탄의 부추김을 받으실 수 있는가, 어떻게 두 차례나 사탄과 내기를 하시는가, 그리고 어떻게 특별한 까닭 없이 욥이 엄청난 재앙을 당하게 하시는가?'하는 의문이다. 또 다른 한편의 불편은 '그래도 욥이 인내하며 순종했어야지. 그리고 궁극적인 승리를 했어야지. 본문을 읽는 내내 욥의 불손한 태도는 그가 의인이라고 하기엔 너무 불편하지 않은가?'하는 심정에 근거한다.

그러나 결국 쟁점은 욥의 '유죄, 무죄'가 아니라 창조주이신 그분과 은혜를 입은 피조물인 욥 사이의 '신뢰'이다. 사랑하는 신뢰 관계에서 우리는 갈등이 없어야 한다고 말하지 않는다. 초점은 갈등을 극복할 수 있는 신뢰와 힘이 있느냐이다. 이 신뢰 속에서 우리는 고통과 직면하며 자기 객관화, 세계 객관화가 시작된다.

3
＼

사실에 기초를 놓자, 29장의 욥은 자신의 의를 정당화하여 희망을 찾으려는 시도를 멈추고 하나님과의 즐거운 추억을 회상한다. 때로 인생의 어둔밤을 통과할 때 우리에게 희망이 되는 것은 지난 추억 속의 행복한 기억들이다. 그분이 함께했던 달콤한 시간들 말이다.

> 지나간 세월로 되돌아갈 수만 있으면, 하나님이 보호해 주
> 시던 그 지나간 날로 되돌아갈 수 있으면 좋으련만!
>
> **새번역, 29:2**

다행히 욥의 지성은 은혜를 '기억'하기 시작한다. '그때는 참 하

나님께서 내 삶을 지켜주시고 등불을 내 머리에 비춰주셨지. 그의 빛을 힘입어 암흑 한가운데서도 걸어 다녔지(29:3). 내 삶은 얼마나 안전했고 달콤했었나. 내 자녀들도, 가족들도 함께 있었지. 나는 부요했고 높은 자리에 있었으며, 젊은이들은 나를 보고 경외했었지. 나를 보면 노인들도 자리에서 일어나 맞이하고 귀족들도 소리를 낮추었어. 내가 말을 할 때마다 사람들은 "참 복되고 지혜롭다!"라고 칭찬해 주었지. 나는 도움을 바라는 사람이 있으면 그들을 도왔고, 가난한 이들과 고아들도 살펴주었는데. 나는 정말 의로운 삶을 살고 있었지.'(29:4~25) 그 즐거웠던 추억에는 하나님의 은혜와 욥의 지혜와 선행이 함께 있었다. 모든 곳이 천국이다. 감각이 자신만의 감옥에서 벗어나 숨을 곳과 안식할 곳이 있는 것, 그것이 하나님과 함께하는 안전함이었던 것이다!

그러나 곧 욥은 좋았던 과거와 비교했을 때 현재의 삶이 얼마나 나락으로 떨어져 있는지에 대해서도 열거하기 시작한다(30장). 비참하고, 조롱받고, 도둑놈 취급받고, 자신이 돌보았던 사람들이 자신을 무시하고 심지어 악하다고 말하는 상황에 대해 말한다. 두 장은 대비된다. 좋았던 옛 시절(29장), 비참한 현재(30장), 그리고 자신의 무고함을 변론하는 마지막 시도(31장) 등은 이제 모두 '욥의 과거와 현재, 그리고 미래를 향한 자신의 변증'을 중심으로 정리되어 있다. 좋았던 시절과 비참한 현실을 전부 다 회상한 다음 욥은 그 모든 것을 넘어서 근원, 창조주 하나님을 생각한다.

> 하나님께서 내 길을 살피시고 내 걸음을 헤아려주셔야만 내
> 가 살 수 있구나!

역설적으로 이 회상은 욥의 마음을 누그러뜨리는 것이 아니라 도리어 더 큰 분노를 일으켰다. 욥과 하나님과의 관계는 새로운 국면으로 들어서는데, 둘 사이를 가르는 투쟁 관계의 언어로 돌변한다. 사실 욥이 하나님과 맺은 관계의 정체성은 욥이 부를 때 늘 응답하시는 '인간적 친밀감'에 기초하였으며 그것이 지금까지 존재해 온 의로움의 정체였다. 그랬기에 하나님께서 침묵을 지키시는 일은 그를 더욱 격분시킨다. 그는 하나님과 직접 대화하기를 원하고 하나님을 법정에 세운다.

> 누구든지 나의 변명을 들어다오 나의 서명이 여기 있으니
> 전능자가 내게 대답하시기를 바라노라 나를 고발하는 자가

있다면 그에게 고소장을 쓰게 하라

31:35

  그는 이제 전통이나 다른 사람들의 의견으로 돌아가지 않는다. 외람되지만 저 마지막 문을 열어젖혀야만 한다. 사람마다 두려워 통과하기 힘들어하는 저 문, 목숨을 걸고 대면하고 싶지는 않은 저 문에 자신을 맡긴다. 사람들이 알기로는 그 문을 여는 자는 목숨을 잃었으며, 모험과 오류와 불확실이 기다리고 있었으며, 인간의 발자국이 닿지 않는 광활한 우주의 블랙홀이라 여겨졌다. 그곳을 두드리는 자는 불경건하다고 여겨졌으며, 누군가는 신성모독으로 십자가형을 당했으며, 길을 잃고 돌아올 수 없었다. 그러나 애초에 하나님이 인정하셨듯이, 이 욥의 언어는 절대 신성모독이나 불경건이 아니다. 때로 우리는 돌이키면 되는 죄와 근본이 다른 죄를 구분하지 못한다. 욥은 자신의 일생을 돌아보며 진실로 하나님 앞에서 정직했던 삶을 살았음을 확증한다(31:28). 그의 고발장은 '하나님 앞에서' 솔직하게 최선을 다한 자, 아무리 돌아보아도 하나님과의 친밀한 사랑의 추억에 걸림이 없는 자의 마지막 권리 같은 것이었다.

5장 욥의 세계 객관화
고통과 갈등이 승복과 기도를 향하도록

1

욥과 하나님의 대면 전에 낯선 이의 낯선 말이 개입해 들어온다. 세 친구와 욥 사이에는 침묵이 흐르는데, 욥이 계속 자신을 의인으로 여기며(32:1), 하나님을 고발한다고까지 하기 때문이다. 하나님이 현현하는 새 국면으로 접어들기 전, 욥과 친구들의 대화 사이에 이 담론에는 끼워줄 만한 자격이 안 되는 타자가 등장한다. 아직 들을만한 귀가 열리지 않은 욥에게 전환의 브릿지

(bridge) 역할을 할 엘리후는, 욥이나 욥의 친구들과 그렇게 친하지 않으며 지혜자로 불리기에는 아직 새파란 젊은이다. 때로 어떤 국면 전체가 바뀌기 전에 그전에는 고려의 요소도 아니었던 것들이 애매모호해진 장의 흐름을 타고 개입한다. 지혜로운 어른들의 담화에 어린이나 젊은이들이 낀다는 게 얼마나 어려운가? 그러나 예수께서도 말씀하셨듯이 "너희가 어린아이와 같지 아니하면 천국에 들어가지 못하리라."(마 18:3)

우연히 나타난 그는 논쟁이 늘어지면서 불청객에서 어느새 담론의 중심에 서게 된다. 사실 엘리후를 향한 성서학자들의 시선은 곱지 않은 편이지만,[14] 전환 국면에서 나타나는 대립 증폭과 그로 인해 욥이 시선을 하나님께 돌리게 했다는 측면은 주목할 만하다. 그는 마찰의 강도를 높여서 틈이 더욱 벌어지게 한다. 먼저 욥에게 화를 냈는데, 욥이 자신을 변증하느라 '마치 하나님보다 자신이 더 의롭다고 방어하는 듯' 보였기 때문이다. 엘리후는 욥의 친구들에게도 화가 났는데, 욥과 제대로 변증하지도 못하면서 정죄만 한다고 비판한다. 그는 정곡을 찌른다. 사람에게 총명을 주는 것은 지식도 교리도 나이도 아니다. 그것은 사람 안에 있는 영과 전능자의 호흡이다.

내가 말하기를 나이가 많은 자가 말할 것이요 연륜이 많은

자가 지혜를 가르칠 것이라 하였노라 그러나 사람의 속에는

영이 있고 전능자의 숨결이 사람에게 깨달음을 주시나니 어

른이라고 지혜롭거나 노인이라고 정의를 깨닫는 것이 아니

니라

32:7~9

엘리후는 친구들의 말이 지식적으로는 맞는 것 같으나 그 속에
흐르는 영이 하나님의 마음과 맞지 않는다고 느꼈다. 또한 엘리
후가 욥을 반박하는 주된 요점은 '우리는 피조물'이라는 것이다.
엘리후의 이 말은 욥이 하나님의 음성을 경청하기 시작하는 중
요한 브릿지 역할을 하는 지점이다. 그는 영이 자기를 압박하여
자기 안에 말이 가득하고, 사람의 영광을 위하거나(32:21), 거짓
을 말하는 것이 아니라고 강변한다. 자신은 하나님에 대해 온전
한 지식을 가지고 있다는 것이다(36:4).

엘리후는 욥이 자신이 옳기 때문에 하나님께서 당신에게 귀 기
울여주셔야 한다고 하지만, 하나님과 인간 사이에는 엄청난 간극
이 있다고 말한다. 그 간극은 인간이 상상할 수 있는 한계가 아닌
데, 그분은 천지를 지으신 창조주이시기 때문이다. 하나님은 여

러 방법으로 우리에게 계속 말씀하고 계시며, 심지어 고통과 재앙을 통해서도 말씀하고 계신다. 하나님이 사람에게 이 모든 일을 여러 번 반복하여 행하심은 그들의 영혼을 구덩이에서 이끌어 생명의 빛을 그들에게 비추려 하심이다. 하나님께서는 여러 방식을 통해 대화하고 싶어 하시지만 들을 수 없는 것은 욥 자신이라는 것이다.

> 하나님은 한 번 말씀하시고 다시 말씀하시되 사람은 관심이 없도다 사람이 침상에서 졸며 깊이 잠들 때에나 꿈에나 밤에 환상을 볼 때에 그가 사람의 귀를 여시고 경고로써 두렵게 하시니 이는 사람에게 그의 행실을 버리게 하려 하심이며 사람의 교만을 막으려 하심이라
> **33:14~17**

하나님이 사람의 영혼을 건지시는데, 교만을 꺾어 구덩이에 내려가지 않게 하시는 것은 그제야 그 생명이 빛을 보기 때문이다 (33:30). 엘리후는 자신이 지식이 아니라 지혜로 가르친다고 말하며(33:33), 하나님만이 하실 수 있는 주권을 말한다.

그는 왕에게라도 무용지물이라 하시며 지도자들에게라도

악하다 하시며 고관을 외모로 대하지 아니하시며 가난한 자

들 앞에서 부자의 낯을 세워주지 아니하시니 이는 그들이

다 그의 손으로 지으신 바가 됨이라

34:18~19

그리고 욥에게 의의 근원을 묻는다.

그대는 이것을 합당하게 여기느냐 그대는 그대의 의가 하나

님께로부터 왔다는 말이냐

35:2

이 질문이 중요한 것은 하나님의 의가 사람의 의에 영향을 받지

않는다는, 하나님의 의가 지닌 자유와 차원을 설명하고 있기 때

문이다. 사람의 선악은 사람과 사람이 살아가는 계약 속에서나

적합한 기준이지 하나님께 들이댈 기준은 아니다. 하나님의 의는

사람의 의를 품지만 그것을 넘어서 있고, 무엇보다 사람의 의에

기대지도 매이지도 않는다. 그런 하나님으로는 이 세상과 숱한

모순과 배후의 어둠을 이길 수 없다. 하나님의 주권과 자유가 의

미하는 바는 그가 모든 힘과 질서와 의의 근본 출처라는 것에 있다.

> 욥 어른은 하늘을 보시기 바랍니다.
>
> 구름이 얼마나 높이 있습니까? 비록 욥 어른께서 죄를 지었다고 한들 하나님께 무슨 손해가 가며, 어른의 죄악이 크다고 한들 하나님께 무슨 영향이 미치겠습니까?
>
> 또 욥 어른께서 의로운 일을 하셨다고 한들 하나님께 무슨 보탬이 되며, 하나님이 어른에게서 얻을 것이 무엇이 있겠습니까? 욥 어른께서 죄를 지었다고 해도, 어른과 다름없는 사람에게나 손해를 입히며, 욥 어른께서 의로운 일을 했다고 해도, 그것은 다만, 사람에게나 영향을 미칠 뿐입니다.
>
> **새번역, 35:5~8**

엘리후는 시선을 모순 많고 좁은 사람의 의에서 하늘을 향해 옮긴다. 인간이 온 세상의 주인의 위치에 머무르려고 하는 한, 1인칭의 좁디좁은 시점으로 관찰하려고 하는 한, 고통은 끊이지 않는다. 가장 먼저 할 일은 온 피조계를 지으시고 운행하시는 하나님을 먼저 찾는 일이다. 사람이 시련의 때에 자기의 의와 고통의 원인을 찾기 전에 나를 지으신 하나님은 어디 계시는지, 밤에 노래를 주시는 자가 어디 계시는지 물어야 한다.(34:10) 오직 이 불행을 거둬달라고 탄원하는 것은 우리네 인생의 주관자가 하나님이심을 인정하는 행위다.

엘리후는 계속해서 이야기한다. "그분이 우리에게 영과 숨을 거두시면 우리는 모두 망하고 흙으로 돌아갑니다."(34:14~15) 진짜 재앙은 하나님께서 그분의 임재를 거두시는 것이다. 하나님께서 계시지 않는 자연적인 상태에서 우리는 영과 숨을 빼앗기고 모두 흙으로 돌아간다. 그런데도 "내가 옳은데 왜 그분은 재앙을 내리시는가?"(34:16~17)라고 묻는 것 자체가 어불성설이다. 결국 엘리후가 말하는 욥의 죄는 인간의 의로 하나님의 의를 움직이고 거기에 영향을 주려고 하는 교만과 무지다. 엘리후는 "스스로 지혜롭다고 하는 이를 하나님은 무시하십니다."(37:24)라고 말하며 말을 마무리한다.

2
＼

40장에 이르자 드디어 긴긴 논쟁의 결말의 조짐이 보인다. 그 해결은 다양한 의견들을 이리저리 통합하거나 제일 옳게 보이는 의견을 선택하는 문제가 아니다. 욥기는 그 답을 회개의 돌이킴[15]과, 그 돌이킴으로 만난 하나님의 현현과 차원 다른 신뢰로 인한 승복이라고 말한다. 그 출발인 야훼의 기소가 시작된다. 침묵을 지키던 하나님이 말씀하신다. 그 말씀은 하늘과 땅을 울려 초라한 인간의 법정을 밑바닥부터 뒤흔들어 깨운다.

> 그 때에 여호와께서 폭풍우 가운데에서 욥에게 일러 말씀하
> 시되 너는 대장부처럼 허리를 묶고 내가 네게 묻겠으니 내게
> 대답할지니라 네가 내 공의를 부인하려느냐 네 의를 세우려
> 고 나를 악하다 하겠느냐
> 40:6~8

야훼는 욥이 자기의 정의를 내세우려고 야훼의 '공의'를 뒤엎어 악하다 하느냐고 묻는다. 욥은 비록 계명을 어기지는 않았지만 자신이 어디로부터 났으며 얼마나 유한한 존재인지를 잊었기에 자기의 위치를 벗어났다. 의로움을 견지하고 싶었던 그의 진짜 의는 티끌과 재와 같은 인간의 조건을 깨달음으로써 성취된다. 자기의의 방어를 모두 벗어버리는 낮아짐의 수용이야말로 자기를 지으신 창조주 하나님 앞에서 '온전한' 사람이 되는 길이다. 낮

아진 자는 인간의 허물을 자신의 것으로 여긴다. 인간은 모두 티끌로부터 태어났으며 자신의 인식에 들어오지 않는다고 해서 감히 하나님을 판단할 수 없다.

그는 더 이상 의의 기반을 자신의 지식과 경험에 두지 않는다. 욥은 이제 야훼께서 창조하신 세상의 완전함을 경험할 수 없다고 해서, 하나님을 의심하거나 부정하지 않는다. 욥기 38~41장에서 야훼는 욥의 의를 기준으로 삼지 않고 야훼께서 창조하시고 보전하시는 세상의 보편질서에 기초하여 평가한다.

모름에도 불구하고 여전히 신뢰할 수 있을까? 아는 것만큼 신뢰할 수 있다는 계몽주의 이후 현대인의 뿌리는 저 멀리 에덴동산에 있던 창세기 3장의 선악과를 따먹은 인간의 원죄인지도 모른다. 우리는 사실 종교나 견해에 대해 알고 싶은 것이 아니다. 인간이 겪고 있는 다양한 고통 이면의 깊은 곳을 꿰뚫고 들어가 그 근원까지 파헤치고, 마침내 그 문제보다 더 커지고 싶은 것이다. 종교를 나타내는 원어, 'religion'이 '연결하다, 연합하다'라는 의미가 있음을 주목하자. 하나님의 의란 그저 관념이나 틀에 박힌 교훈이 아니다! 하나님과 연결된 관계성이며 연합의 비밀을 담지하고 있다! 그런 의미에서 고통을 당하는 의인이란 상징은 그에게 닥친 고통을 그의 의로움에 대한 하나님의 인정과 대립시킴으로써 '모든 고통이 죄에서 비롯된다'는 견해를 무너뜨리는 도구 역할을 한다. 진짜 자신과 만나고 싶은 것이다.

욥기의 많은 대화와 토로 속에서 길을 잃지 않으려면, 이 갈망을 이해하는 것이 중요하다. 욥은 위대한 순수를 갖춘 인물이다. 그는 의문의 벽을 개의치 않고 직면하고 계속해서 문을 두드린다. 현상적으로 그는 세상에서 가장 많은 것을 누리는 사람처럼 보였지만, 그는 다른 세계에 속한 사람임이 밝혀졌다. 놀랍게도 그는 견해를 다루지 않고 근원을 다루며 소유에 갇혀있지도 묶이지도 않았다. 만일 겉껍질을 벗겨내는 과정이 없었더라면 절대 드러나지 않았을 이 사건의 발단은 사실, 자신도 모르는 어떤 영적 세계에서 일어난 천상회의로부터 시작된 것이다.

3
\

다시 1장으로 돌아가 보자. 하늘에서 회의가 열렸다. 욥은 이 사실을 모른다. 욥이 아는 것이 그리 중요하지 않다는 것이 이 서막의 시그널인지도 모른다. 하나님이 아시고 욥은 그 하나님이 아시는 것을 알아간다. 사실 우리가 알지 못하는 일들이 얼마나 많은가! 욥기는 이 진실에 대해 우리에게 겸손과 전복적 상상력을 요구한다. 욥이 겪는 고통은 우리가 직접 경험하지 않더라도 지구 저편에서는 늘 일어나는 일일 수도 있다. 다만 우리는 모르고, 또 모르기에 피부에 직접 와 닿지는 않는다. 욥기는 어떤 의미에서 고통을 경험하는 모든 이들에게는 눈물을 닦아주는 정화의 손수건이요, 의인조차도 자신들과 같은 고통을 겪을 수 있다는 측면에서는 고난받는 의인들에게 주는 위로의 편지다.

천상회의의 결과 욥은 사단의 시기 어린 장난질로 하루아침에 제일가는 부자, 칭송받는 의인의 자리에서 나락으로 떨어진 신세가 되었다. 이 회의에서 사단이 하는 일을 주목하자. 그는 부지런히 온 세상을 두루 다니며 참소하고 고발할 자를 찾고 고발한다. 흥미로운 것은 그를 통해 밝혀지는 '죄'의 정체이다. 죄는 '하나님을 경외하는 척하지만 실제로는 자신의 필요와 욕망을 섬기는 우상으로 취급하는 것'이다. 하긴 하나님의 인정을 아무나 받아서야 되겠는가? 교만과 질투의 화신 사단은 자신도 미끄러져 떨어진 시험을 욥이 통과했다고 믿고 싶지 않다. 하나님이 욥을 가리켜 의인이라고 칭찬하자, 사단은 엄정한 테스트를 거쳐야 한다고 주장한다. 사단은 "욥이 아무런 이유도 없이 하나님을 경외하겠습니까?"라고 의문을 제기한다. 즉, 죄란 하나님을 자신에게 이익이 되거나 자신이 정한 기준에 적합하면 경외하고, 그렇지 않을 때는 원망하고 떠나는 것이다. 이 중심을 알아보는 테스트를 위해 생명과 내면을 빼고는 모든 것이 사라진다. 환난과 논쟁은 바로 그가 의롭다고 여겼던 기반과 동기와 정체성을 드러낸 것이다.

6장 현현, 그리고 창조의 무

용서와 중보, 너그러운 기쁨

1
\

하나님이 드디어 나타나셨다. 이제 그분은 당신과 욥 사이에 어떤 중개자도 없이 두 차례에 걸쳐 욥에게 직접 말씀하신다 (38~39장, 40:7~14). 하나님께 부르짖는 욥의 가장 큰 소원은 무엇이었을까? 무엇보다 하나님의 대답이었을 것이다. 그분은 항상 욥의 부름에 응답하셨던 분이셨다!(12:4) 자신이 바라는 답이 아니라 '그분의' 음성을 들을 준비가 되었다. 마치 3차 방정식 문제를 1차 방정식 수준으로 풀 수 없는 것처럼, 차원이 달라지지 않으면 제대로 답변이 되지 않는 대답도 있기 마련이다.

하나님은 욥에게 일일이 대답해주시는 대신 오히려 질문[16]을 던지신다. 이 질문들은 욥의 안목과 지평의 현주소를 직면하게 하고 좁고 자기중심적인 시야를 넓혀 그를 각성시킬 것이다.

무지한 말로 생각을 어둡게 하는 자가 누구냐?
38:2

지혜자 욥, 의로운 자라 인정받던 욥의 현주소다. 욥은 무지한 말과 어둠에 빠진 생각을 하고 있다. 하나님은 욥의 무지를 깨뜨리기 위해 물으신다. 첫 번째는 창조 세계에 대한 질문이다. 인간이 감히 알 수 없는 그런 영역까지, 이 세계 전체의 이법과 생물들에 대해 어떻게 하나님께서 보살피고 계시는지 욥이 아는지 물으신다. 또 욥에게 천지가 창조될 때 어디 있었는지, 무엇을 알고 있는지 물으신다. 성경은 이것을 아주 아름답고 아기자기한 말들로 기록해 놓았다. "내가 땅의 기초를 놓을 때 구름으로 그 옷을 만들고 흑암으로 그 강보를 만들었다. 그때 새벽별들은 노래하였고, 모든 천사가 흥에 겨워서 소리를 질렀다. 네 탄식과 관심, 고민과 지식은 이것을 아느냐?"(38:4~7), "바닷물이 태를 열고, 태어나는 아가처럼 넘쳐흐를 때에 바다가 넘치지 못하도록 그 한계를 정해놓은 자가 누구냐?(38:8) 그때 나는 구름으로 바다를 덮고 짙은 어둠으로 그것을 둘러쌓으며 바다의 경계를 지었고 그것에 문빗장과 문을 달았다(38:9~10). 그때 나는 바다를 향해서 너는 여기까지만 오고 더 이상 넘치지 마라, 너 교만한 파도야 멈춰라, 라고 명령했다(38:11). 네가 태어난 이래로 한 번이라도 아침에게 명령하여 동을 트라고 말한 적이 있느냐?"(38:12) 하나님은 욥에 대해 계속 질문을 던지시면서 도전하신다. 결국 그분의 질문은 이것이다.

너는 누구냐? 네가 정말 하나님이 누구인지 안다면 그렇게 무지하고 헛된 말을 계속할 수 없을 것이다.

하나님이 땅, 바다, 하늘, 지하 세계(38:4~21), 그리고 우주의 다스림(38:22~38), 열 가지 종류의 야생 동물들(38:39~39:30)을 묘사하시는 장면을 보라. 이런 총체적 그림에서 인간은 우연히 아주 잠깐씩만 나타난다(38:13,15,26; 39:7b,18b,25c). 이 우주 만물의 역사에서 일어나는 하나님의 계획은 피조물인 한 인간 욥의 한계만을 명백히 가르쳐 줄 뿐이다. 그는 그저 은혜를 받았기에 인간이 되었지만 그 시작과 끝은 한 티끌일 뿐이다!

이 피조물의 한계는 네 가지 측면으로 나타난다. 첫째, 시간의 한계이다. 곧 욥은 존재하기도 전에, 그가 없이도 이 세계는 창조되어 질서정연하게 정리되었다(38:4~18). 빛과 어둠에도, 저마다 고유한 길과 자리가 정해지던 그 창조의 순간에도 그는 존재하지 않았기에 알 수 없다. 새벽 별들이 모두 환호성을 지르는(38:7) 세상의 첫 순간에도 그는 있지 않았다.

둘째, 공간의 한계이다. 욥은 땅의 광활함을 측량할 수 없고(38:4~6) 눈과 우박의 저장고(38:22)에 들어가 본 적도 없고, 바다의 심연과 죽음의 대문과 암흑의 대문(38:16~17)도 본 적이 없다. 셋째, 지식의 한계이다. 이 한계는 욥이 결코 적절하게 답변할 수 없는 수많은 사실적 질문들과 지각 동사의 반복을 통해서 강조된다. 마지막으로, 능력의 한계이다. 그는 창조라는 대역작을 실현할 수도 없고(38:4~11) 천체의 운행(38:31)을 조절하거나 추위를 다시 오게 하거나(38:29) 강수를(38:22,28,34,37) 조절할 수도 없다. 동물에게 먹거리를 보장해 주거나 그 새끼들이 잘 자라기에 유리한 환경을 조성해 줄 수도 없다(39:1~4).

누가 이와 같은 한계들을 넘어서는 존재인가? 누가 이 모든 것을 창조하고 유지하며 다스릴 수 있는가? 14번에 걸쳐서 '누가?'라는 질문이 이어진다. 누가 그 일을 했는가? 야훼이시다! 반면 인간은 단지 은혜로 하나님의 형상을 입은 피조물일 뿐이다. 하늘과 땅에서 모든 것이 인간 없이 이루어진다. 모든 동물들은 하나님 없이는 지탱해 나갈 수 없지만 욥은 동물들에게 조금도 도움이 되지 못한다. 몇 가지 동물들이 나름대로 욥에게 그 점을 상기시켜 주는 역할을 한다. 초원의 야생 나귀는 나귀 모는 사람들을 비웃으며(39:7), 들소는 사람들을 위해 밭고랑을 고르지 않으려 하고(39:10), 타조는 기수들에게 경주하자고 도전한다(39:18).

마지막으로 야훼가 던지시는 질문은 신화적인 동물에 대한 것이다. 그 동물은 바로 '베헤못'(40:15~24)과 '리워야단'(41:1~34)이다. 구약성서에서 베헤못은 신화적 형상으로 가장 육중하고(40:16~18) 힘센 동물들의 우두머리이다(40:19~20). 그것은 강물 속에 살며 초목의 은신처와 그늘에서 지낸다(40:21~22). 강물 속은 놀라우리만치 평온하다(40:23). "그것이 눈을 뜨고 있는데 잡을 수 있으며 올가미로 그 코를 꿸 수 있겠느냐?"(40:24)는 말씀은 베헤못이 무섭고 위험하다는 암시이다. 이 동물은 청동과 쇠의 괴물이지만(40:18) 사람이 그것을 쫓을지언정 사람을 공격하지는 않는다(40:24). 그러나 그것들은 야훼께는 '장난감'과 같고 소처럼 풀을 뜯으며(40:15b) 다른 동물들과 함께 뛰논다(40:20b). 강물의 위협에도 태연하고 육중함에도 연꽃 아래서 움직임이 없다(40:23b). 따라서 베헤못과 관련된 야훼의 말씀은 혼란스럽고 위협적 세력들과 정돈된 질서 사이를 통제하시는 그분의 권한을 암시한다.

곧 욥이 그것을 낚을 수 있겠는지(41:1), 그것을 추적할 수 있을지(41:2), 그것과 싸울 수 있을지(41:7~8) 또는 그것을 앞질러 갈 수 있을지, 잡아가둘 수 있을지(41:10), 그것을 종으로 부릴 수 있을지, 그것이 자기에게 유순하게 굴게 할 수 있을지(41:13~14), 그리고 그것을 집안의 노리개로 삼을 수 있을지(41:5)를 묻는다. 성경에서 묘사될 때는 마치 하마와 악어처럼 묘사되어 있지만, 사실 이 동물들은 악과 혼돈을 부르는 영적이며 신화적인 동물이다. 하나님은 이 영적 존재들을 언급하시면서 우리의 생각은 보이는 현상을 넘어선 영적 세계에 대해 무지하다는 사실을 일깨워주신다.

우리는 영적 존재들, 특히 악의 세계에 대해 알기 어렵다. 그러나 창세기에서 하나님이 빛을 만드시고 어둠을 구분하신 것과 같이 악과 혼돈도 명백히 하나님의 통치 아래에 있다. 누가 하나

님과 인간의 이 차이를 극복하겠는가? 그러니 욥의 다음 요구가
얼마나 우스운가?

> 왜 저와 다투시는지 알려 주십시오.
> **10:2**

누가 누구와 다투는가? 하나님이 감히 자기와 다툰다니? 하나
님은 답변 대신 도리어 "너에게 물을 터이니 대답하여라"(38:3,
40:7)라고 하시며 마치 '인간존재가 무엇인지 내가 누구인지 과
연 아느냐?'는 뜻으로 질문하신다. 그간의 모든 논쟁의 동기가
드러났다. 티끌만도 못한 인간의 의를 주장하고 견지하려고 그
프레임에 하나님의 크신 경륜을 제한하기 위해 많은 말들이 있었
던 것이다.

2
＼

이제 그는 인식의 자유를 얻었고 한계를 초월하여 차원 다른 객
관을 얻었다. 이 자유에 기반하여 삶은 질서정연하게 회복될 것
이다! 욥은 가족과 소유와 건강을 잃게 된 것을 자신이 죄를 지

어 받게 된 결과로 생각할 필요가 없다. 야훼께서 하시는 일은 우주의 통치자로서 총체적 다스림의 표시이기 때문이다. 이 주권 앞에서 상호 교환과 거래에 기초한 모든 '정의'가 불가능하게 되었다. 욥의 상처에 박힌 총알은 그를 언제나 이 자유 앞에서 겸손하게 할 것이다. 의는 하나님께서 창조하신 우주와 그분이 세우신 질서를 통해 그분의 의를 신뢰하며 인식하는 것에 있다. 야훼를 헤아릴 것이 아니라 욥은 자신의 무지를 헤아려야 한다. 야훼를 협소한 정 개념 속에 가두려는 위험과 기복의 좁은 틀에 가두고 우상 노릇을 시키려는 시도를 벗어나야 한다.

인간의 의는 하나님의 '완전하신 의' 안에서 연합의 결과이며 그분의 '완전한' 계획과 통치 아래 위치할 뿐이다. 그것이 가장 거룩하다! 그것은 삶의 부조리함과 깊은 어둠을 체험하는 순간조차 모든 일을 통제하시는 그분의 의를 인정할 때만 통찰로 얻어진다. 폭풍 속에서 들려주신 야훼의 말씀은 인간 지식의 한계 끝까지 몰아가셨다. 그래서 그는 야훼께 압도되어 침묵하며, 그의 질문은 하나님의 자유에 대한 경외로 바뀐다. 하나님의 계속되는 질문은 "나는 스스로 있는 자다. 아무것으로도 이름 붙일 수 없다. 네가 생각하는 합리 속에 갇히지 않는다."라는 존재 선언이다.

너는 무엇을 알고 있으며 또 어떻게 이해하였느냐?

38:5,18,20,33,37

이제 저는 알았습니다. 당신에게는 어떤 생각도 불가능하지 않음을.

42:2

지금까지 욥은 자신을 정당화하고 방어하는 것에만 집중했지만 이제부터는 들을 것이다. 듣고 나서 물을 것이다. 자신의 좁은 생각과 경험에 하나님을 묶어두거나 협소하게 만들어서 환원하지 않을 것이다.

당신께서는 '이제 들어라. 내가 말하겠다. 너에게 물을 터이

니 대답하여라' 하셨습니다.

42:4

당신께 대하여 귀로만 들어왔던 이 몸, 이제는 제 눈이 당신

을 뵈었습니다.

42:5

야훼를 뵈온 뒤 욥은 자신이 관심을 두던 문제에 대한 해답이 아니라, 자신의 현주소와 하나님의 현존을 알게 되었다. 그는 이

제 창조주 하나님과 피조물인 자신의 엄청난 간격을 몸으로 깨
달았으며 하나님 앞에서 자신을 티끌과 잿더미같이 여기며 부끄
러워한다. 그분을 인정하고 승복한다.

> 그러므로 내가 스스로 거두어들이고 티끌과 재 가운데에서
>
> 회개하나이다
>
> **42:6**
>
> 시몬 베드로가 이를 보고 예수의 무릎 아래에 엎드려 이르
>
> 되 주여 나를 떠나소서 나는 죄인이로소이다 하니
>
> **눅 5:8**

 욥은 계명을 어기지 않았으며 사회적 규약과 종교적 규율은 지
켰지만, 가장 중요한 출발점, 자신의 근원적 정체성이 유한적 존
재로서 출발했음을 망각했었다. 이상하다. 은혜가 계속되고 형
통이 계속되면 바로 이 가장 중요한 사실을 잊는다. 신앙은 종교
적으로 변하고 인간 질서와 도덕을 수호하는 심부름꾼이 되며
하나님이 그 은혜의 손길을 놓을 때 곧바로 사탄이 지배하는 혼
돈의 한가운데로 떨어진다. 그것이 하나님의 불의 때문이 아니
라, 하나님의 손길이 닿지 않는다면 본디 그럴 수밖에 없는 존재

였으며 세계였던 것이다! 같은 틀에 갇혀있었던 세 친구의 정죄로 말미암아 욥은 고통 가운데 겨우 그 프레임에서 벗어났다. 그 은혜와 한계적 조건을 깨우칠 수 있다면 우리의 결함과 고통, 혼돈과 무지는 도리어 하나님의 의에 이르는 완전함이 되리라. '저는 잘 모르겠습니다. 제가 아는 것은 부분적이며 티끌과 재와 같습니다.' 이 무지와 혼돈, 그러나 겸손하게 성령의 운행하심에 맡긴 이 '무(無)'가 바로 하나님이 우주를 창조하실 때 사용하신 재료임을 기억하라. 하나님과 함께 하는 혼돈, 욥의 새로운 의는 바로 이 지점으로부터 시작되었으며, 그 결과 우매한 친구들을 이 근원에 연결하는 중보자가 된 것이다.

성경은 창세기 1장 1절은 '하나님이'라는 주어로부터 시작한다. 다른 어떤 선한 것도 '기원'이 될 수 없다! 정형화된 것은 스스로를 고집한다. 가장 정확한 것은 오직 가장 부드러운 심정에 있다. 하나님은 혼돈과 흑암 자체인 무를 가지고도 사랑의 심정으로 빛과 생명을 창조하신다. 피조물 안에 무언가 선한 것이 있다면 그것은 자신으로부터 기인한 것이 아니다. 반대로 아무리 우리 안에 좋은 것들이 있어도 그 안에 하나님이 없다면 선한 것이 아니다. 선함은 선 자체이신 하나님과 연결되어 있기 때문이다. 오, 그분에 대한 전적 신뢰와 안식.

주께서는 못 하실 일이 없사오며 무슨 계획이든지 못 이루

실 것이 없는 줄 아오니 무지한 말로 이치를 가리는 자가 누

구니이까 나는 깨닫지도 못한 일을 말하였고 스스로 알 수

도 없고 헤아리기도 어려운 일을 말하였나이다

42:2~3

신학자 슐라이어마허Schleiermacher는 이 상태를 '절대 의존의 감정'이라고 말했다. 이 절대 의존은 아무 생각 없이 무비판적으로 수용하는 무기력한 의존 상태가 아니라[17] '피조물적 무[18]'를 인식한 관계적 감각이다. 우리가 살아계신 하나님을 만날 때 갇힌 생각과 경험을 넘어서 압도적인 두려움, 경외, 환희, 말로 다 할 수 없는 사랑을 경험하게 된다. 그때 느끼는 압도적 경외감과 피조물적 감정은 초합리적이면서 동시에 비합리적인 감각, 바로 누미노제 감각[19]이다. 그 만남의 열매가 하나님의 압도적인 전능과 장엄함, 은혜 앞에서 우리가 한낱 피조물임을 깨닫게 하고, 겸손하고 감사한 마음을 가지게 만든다.

3

＼

이 지점에서 이 무가 아무것도 없는 자기 부정이나 허무, 없음이 아님을 기억하자. 오히려 아무것도 아닌 자 같으나 모든 것인 자, 모든 것을 창조하신 하나님을 얻은 나다토도NADATODO[20]의 비밀을 알게 된 자의 비밀이다. 때로 우리는 신앙생활이 후퇴하는 것처럼 느낀다. 예를 들면 욥은 재앙을 당한 직후에 "내 어머니로부터 벌거벗은 채로 나왔으니 벌거벗은 채로 돌아갈 것이다. 주신 분도 여호와 가져가신 분도 여호와 그분이 찬양받을 것입니다."(1:21)라고 하며 성숙한 모습을 보인다. 그런데 점점 이야기가 진행되고 친구들과 논쟁을 거치면서는 오히려 불평하고 죄를 짓고 퇴행하는 것처럼 보인다. 그러나 보이는 현상보다 더 중요한 것은 하나님과 함께 살아온 경험, 하나님조차 의인이라고 인정하실 만한 욥의 믿음의 동기와 관계성이다. 욥이 경험한 신앙의 단계는 십자가의 요한[21]이 '영혼의 밤'이라고 불렀던 종교적 의가 모두 벗겨지는 어둔밤[22]이었다. 모든 인간적이고 종교적인 표면적 의를 벗고 하나님 안으로 들어가는 과정, 그것은 그 이전의 모든 세계관으로는 알 수 없는 세계, 자기 안에 있던 무의식을 의식으로 끌어 올려서 만나는 과정이다. 욥이 지금까지 알았던 하나님에 대한 개념으로 절대 알 수 없는 그곳, 욥 자신도 알 수 없었던 의식의 배후까지도 다 끌어올려서 욥은 이 창조의 무에 도달하였다. 그러나 창세기에서 천지를 만드실 때 하나님의 영이 흑암과 혼돈을 감싸며 운행하셨던 것과 같이 욥의 혼돈 역시 감싸고 계신다. 욥은 그 혼돈을 정직하게 직면했고 하나님을 향해 모두 털어놓았다. 욥의 토설은 이 문제를 풀 수 있는 분이 오직 하나님이시기 때문에 자신의 무의식까지 모두 하나님께 정직하게 올려드린다는 뜻이었다.

욥은 그간 가졌던 의문들로부터 자유로워진다. 욥의 가장 큰 의문 중의 하나는 '하나님이 정말 옳으신가? 나에게 하시는 일을 보면 옳으신 것 같지 않다'라는 것이었다. 그러나 하나님은 "네가 무지한 탓을 모면하려고 나를 죄인으로 모느냐?"라고 물으시며, 질문의 프레임 자체를 인정하지 않으신다. 자신이 겪는 문제 하나를 가지고 피조계 전체를 운행하시는 하나님의 의에 대해 따지는 것 자체가 무지하다는 뜻이다. 하나님은 욥에게 인간의 작은 기준, 제한, 필요를 넘어 피조계 전체를 운행하시는 자신을 보여주신다. 우리가 하나님을 만나고 이해하게 될수록 우리의 좁은 시야와 한계에 갇힌 부분적 판단이 아니라 피조 세계 전체를 바라보시는 그분의 마음을 받게 된다. 그럴 때 하나님의 애통해 하는 마음, 긍휼한 마음, 구원하기를 바라시는 그분의 간절함을 받아

진정한 중보자가 된다.

4
＼

하나님의 현현 후에 욥에게 회개가 일어났다. 회개는 잘못을 고치는 정도가 아니다. 지금까지 자신이 걸어온 길을 되짚고 온전히 뒤로 하면서, 이제부터는 무엇이든 '모르는 자'가 되어 전적 신뢰로 살겠다는 완전 승복의 의지이다. 빛과 어둠의 씨줄과 날줄이 주는 인생 뒤에 숨은 경륜을 모두 있는 그대로 하나님의 선한 뜻으로 받아들이며, 창조가 주는 위기와 불확정성을 감사로 수용하며 살겠다는 뜻이다. 욥은 그토록 견지하고 싶었던 하나님과 자신과의 신실함이 지금까지와는 완전히 다른 차원으로 이 관계 안에서 온전하다는 깨달음이 일어난 것이다.

저는 거두어들입니다. 지금까지 제가 살아왔던 모든 방식과

생각, 경험에 대해서 말입니다. 제가 하나님에 대해 귀로만

들었지만 이제는 눈으로 주를 뵙습니다.

42:5~6

이제 욥에게 다른 것은 필요하지 않다. 모든 것의 근원이신 그분을 알게 되었으니 말이다. 이제 우리도 "먼저 그 나라와 그의 의를 구하라, 그리하면"이라는 이 순서가 그저 종교적인 일들을 강박적으로 항상 중심에 둔다는 얘기도 아님을 알겠다. 욥과 친구들을 향하여 하나님의 최종판결이 내려진다.

> 너희는 나의 종 욥처럼 나에게 올바른 것을 말하지 않았다
> **42:7**

하나님은 세 친구를 향해 "너희들은 욥과 같지 않다, 옳지 못하다"고 말씀하신다. 그리고 그의 친구들을 위해서 중보하고 제사를 지내게 하신다. 이를테면 중보자의 사명을, 대제사장의 사명을 맡겨주신 것이다. 그런데 어째 이상하다. 왜 야훼께서는 당신에게 투덜대며 기소한 '욥의 소송'에 옳다 판결을 내리시며, 끝까지 적정선을 넘지 않고 하나님을 변호한 욥의 친구들은 잘못했다 꾸짖으시는가? 욥이 '하나님의 뜻을 어둡게 하는', '지각없는 말'(38:2; 42:3a)을 했다고 말씀하시고는 다시 '옳다'고 변덕을 부리시는가?

물론 아닐 것이다. 세 친구는 '근본적으로' 옳지 않다. 하나님은

항상 중심과 근본을 보신다. 엘리바스가 경험한 하나님은 살아계신 신이 아니다. 그의 말이 현실 세계의 사실에 근거한 것도 아니다. 그는 살아 계신 하나님과 욥의 기나긴 삶의 신뢰 관계보다는 자신의 '합리적 신념체계'를 옹호했다. 그렇다. 그는 자기의 신념체계를 하나님을 대변하는 양 착각했던 것이다. 틀렸다. 마치 온 우주를, 자로 잰듯하지 않은 삶을 손부채처럼 펼쳐 한눈에 다 볼 수 있다고 생각했던 것이다.

욥이 그와 다른 것은 하나님과의 구체적인 실존 관계였으며, 그 관계 속에서 일어난 기쁨과 고통의 생생한 삶 자체였다. 엘리바스는 의가 하나의 법칙처럼 도출될 수 있다고 믿었다. 그래서 그는 욥이 구체적으로 고통받는 상황으로 인해, 살과 마음이 타오를 때까지도 전혀 자신의 잘못을 인정할 수 없었다. 표면적인 말실수나 격노한 감정표현에 의로움의 무게를 싣지 말라. 비록 지독한 고난으로 인해 욥의 표현은 거칠었으나 그의 삶은 사실이었다. 그는 하나님께 '정직하고 의롭다'고 평가되었다. 그리고 이해하지도 못한 채 지껄이고 대든 작은 잘못은 욥의 회개와 돌이킴으로 용서받았다! 무지는 용서받을 수 있다.

이에 예수께서 이르시되 아버지 저들을 사하여 주옵소서

자기들이 하는 것을 알지 못함이니이다 하시더라

반면에 욥의 친구들은 자기가 무엇을 잘못했는지도 모르면서 확신했다. 그들은 스스로 속았으며, 아니 속고 싶었던 것이다! 이제 이 세상 어디서나 존재하는 고통은 딱한 시선으로 바라보는 소위 자칭 의인들의 표적이 되지 않아서 좋다. 그 아픔에도 불구하고 삼켜지지 않고 고도를 기다리는 희망의 출구를 찾아낸 욥이 있으니까.

욥과 그의 친구들에 대한 야훼의 판결(42:7b)이 있고 나서, 욥은 친구들을 위해 중보자로서 제사를 드리는 자가 된다. 중보기도란[23] 어떤 착한 행실을 실천하는 사람의 자격에 달린 것이 아니다. 오직 하나님의 의로움과 자비를 경험하게 된 자, 자신의 의로움을 창조주 하나님 안에서 발견한 자가 감당할 수 있는, 다른 이의 운명을 바꾸는 성무(聖務)다. 야훼는 그에게 중보의 책임을 부여하심으로써, 다른 사람들도 하나님과의 관계에서 출발하는 의를 회복하도록 사명을 주신다. 이것은 지난날 종교적 의례처럼 욥이 자기의 아들들을 위해 드렸던 제사와는 전혀 다른 것으로, 사망으로 끌려가던 그들의 운명을 돌리는 거룩한 구원의 회복이다.

> 욥이 그의 동료들을 위해 기도드리자, 야훼께서는 그의 운
>
> 명을 되돌리셨다.
>
> **42:10**

 그리고 난 후에야 야훼는 욥의 모든 소유를 새롭게 하셨는데, 그 전에 보다 두 배나 많은 복을 주셨다. 하나님께서는 욥의 자녀들도 회복시켜 주셨다. 7명의 아들과 3명의 딸을 주셨는데, 아들의 이름은 나오지 않지만 딸들의 이름은 등장한다. 욥은 이제 가부장 사회를 이어가는 남성적 힘만이 아니라 내면과 부드러움, 사랑의 여성적 이름에 더욱 이름을 부여하는 이가 되었다. 세 딸의 이름은 첫째가 여미마(יְמִימָה, 비둘기), 둘째는 긋시아(קְצִיעָה, 아름다운 향기), 셋째는 게렌합북(קֶרֶן הַפּוּךְ, 물감의 뿔)이었다. 성경은 온 땅에 그렇게 아름다운 사람들이 없었다고 기록한다.[24]

 욥은 파격적인 일을 감행하는데, 딸들에게도 아들과 같이 재산을 나누어 주었다. 민수기 27장 1절~11절을 보면 당시에 딸들은 유산을 상속받을 수 없었다. 이 행동은 욥이 딸들에게도 아들들과 평등하게 재산을 나누어 주었다는 물질적 분배의 의미에 그

치지 않고 욥이 구조 악에 대해 알게 되었다는 것을 의미한다. 하나님에 대해 알기 전에 욥은 개인적으로 바르게 사는 것, 자기 가족들이 의롭게 살도록 챙기는 것에 머물러 있었고 개인사를 넘어 있는 거대한 구조에 대해서는 알 수 없었다. 특히 자기가 혼자 잘 살고 열심히 노력해도 그 구조에서 자유로울 수는 없다는 것에 대해서는 몰랐으며, 그 구조 안에 있는 자신 역시 악할 수밖에 없다는 것을 깨달을 수 없었다. 그래서 욥기의 결말은 욥이 하나님 앞에서 의롭게 인정받고 복을 두 배로 받았다는 정도가 아니라, 아예 새사람이 된 욥의 모습, 하나님의 의를 담지한 사람의 모습을 보여준다.

새사람으로서 의인이 된 욥의 '아버지 됨'은 은혜의 기쁨을 누리는 새가정에서 발견된다. 고난을 겪기 전에 욥은 자식들이 행여 죄를 짓지는 않았는가 하여 자신의 의로움에 비추어 노심초사하며 살았지만, 이제 그때와는 반대로 새로운 생명으로 주신 많은 아들과 딸들의 탁월한 믿음과 아름다움을 바라보며 '기쁘게' 산다. 그는 복음을 알게 되었고 그 기쁜 소식은 무상으로 은혜로 창조주 하나님으로부터 증여된 선물로서의 삶이다. 이것이야말로 가장 탁월한 은혜의 인과율이며, 매이고 억압하는 율법의 의가 아니라 다른 사람을 자유로운 존재로 만드는 복음의 원리인 것이다.

7장 어둔밤을 지나는 모든 이들에게

1

＼

만일 욥이 어둔밤의 모험을 떠나지 않았더라면 어떻게 되었을까? 그는 안락하게 주어진 시스템 속에서 살아갈 수는 있었겠지만, 우리 모두의 삶에 잠자고 있는 정체성을 깨우는 통과의례의 원형을 보여주지는 못했으리라. 오늘날의 교회는 복음의 정체성을 찾아가는 모험 길을 떠났다. 변화하는 시대의 속도와 더불어 어떤 이들은 기독교가 가부장적이고 권위적이며, 정치와 경제,

사회 문화에 영향을 끼치지 못하며, 사람을 진정으로 치유하고 회복시키지 못한다고 비판한다. 한때는 사회의 중심 요소였던 것들이 이제는 믿을 수 없거나 진정한 권위가 부족한 것으로 받아들여지면서 사람들이 내면으로, 곧 자기 자신에게로 눈을 돌려 정체성을 찾아가는 시대가 되었다. 무엇보다 지식정보화 시대에서 사람들은 정보나 지식이 풀 수 없는 난제들과 가장 깊은 요구에 응답해 줄 것을 종교에 기대한다.

우리는 기독교 영성가들이 경험했던 어둔밤에서 이 요청을 해결할 수 있는 길을 모색한다. 아마도 욥기를 읽으며 우리가 찾아야 할 참된 신앙인의 모습은 중보자로서, 또 남성적이고 교리적인 방식만으로는 이해할 수 없는 신비의 역설을 이해하는 지혜자의 모습이며, 딸들의 아름다운 이름들을 통해 바라보는 기쁨과 아름다움의 신앙일 것이다. 그는 이제 강박적일 정도의 의로운 규칙이나 행실에 집착하지 않는다. 그는 고난과 논쟁을 통해 하나님과 만난 결실, 내면의 자기(自己)를 만난다. 그는 행복하고 기뻐하고 감사한다. 그는 어떤 경우에도 하나님을 신뢰하며 당시로선 혁신적인 일들, 예를 들어 딸들에게 상속한다거나 이름을 드러내는 일을 아무렇지도 않게 자연스럽게 해낸다. 우리는 그가 겪었던 이 어둔밤의 과정이 이 시대 속에서 복음을 드러내는 영성적인 과정이라고 믿는다.

2
＼

　십자가의 요한은 「영혼의 노래」에서 이를 사랑을 찾는 고통이
라고 표현한다.

　　　님이여, 그 모습 내게 보여주세요.

　　　내가 그 아름다움에 취해 죽게 해주세요.

　　　내 사랑의 고통은 직접 님의 현존과 이미지를

　　　마주하지 않으면 영원히 낫지 않으리.

　　　오! 맑은 샘물아

　　　내 마음 속 깊이 새겨져 있는

　　　빛나는 그 얼굴을

　　　그토록 보기 갈망하는

　　　내 눈동자가 되어주렴.

　　　영혼의 노래 11~12[25]

종교_{religion}의 어원은 본디 연결한다는 뜻²⁶이다. 인간과 신을 연합시킨다는 religio, 혹은 다시 연결한다는 의미의 regare는 종교의 본디 의미를 알려준다. 그렇다. 종교는 우주적 어떤 존재, 태곳적 목소리와 나를 연결해주는 무엇이며 그러해야 마땅하다. 그러나 누구에게나 주어진 이 하늘의 선물은 학대와 상처로 삶의 무게가 무거워 자아의 힘이 약한 사람들, 반대로 바깥의 세계와 결속력이 너무 좋아 굳이 신이 필요 없는 이들 모두에게 동시에 어렵다. 역설적이지만 이 성스러운 연합을 위해서는 자아의 힘과 자기 부정의 겸손의 힘이 동시에 필요하기 때문이다. 외부적 환경과 끊임없이 접속하는 나 이외에 '깊은 내면 속의 나 자신'으로 들어갈 수 있는 힘이 필요하다.

기도는 이 진짜 자신의 정체성, 살아계신 하나님의 영과 영혼을 만나게 해주는 힘이면서 숨어있던 태초의 지혜, 자기 부정과 진실한 용서와 삶을 이해하는 데서 나오는 진실한 중보가 일어나는 과정이다. 기도는 자기 자신을 비울 뿐 아니라 깨어나 진정으로 자신과 세계를 사랑하기 위한 영혼과 만나는 곳이다. 그 장소는 신의 사랑을 신뢰하며 일종의 차원 이동을 수용하기 위해 치러야 하는 지독한 전쟁터이자, 신이 인간의 영혼에 거처를 두기 위해 사용하는 사닥다리다. 이러한 연합이 일어나는 기도의 상태에서는 역설이 일어나는데, 신의 사랑이 흐르는 깨어난 의식으로 말미암아 자기 자신에게서 떠나고, 자신을 잊어버림으로써 말미암아 더욱 깊게 자신에 몰두하게 된다. 그곳은 의식이 아니라 통찰의 직관이 주인공이 되는 곳이며, 온전한 신뢰로 기쁨을 누리며 분석과 판단이 겸손하게 종이 되어 섬기는 곳이다. 그곳은 소위 의인들이 자기 안의 광활한 반항과 저항을 만나는 곳이며, 통제할 수 없는 자기중심적인 역동을 경험하며 당황하는 곳이다. 이러한 어두운 감정들과 상태들을 직면함으로써 "인위적이고 허구적인 의식의 차원으로부터 물러나서"[27]참된 존재의 깊은 차원으로 진입하게 된다. 욥에게 나타났던 분노와 저항 역시 실은 자신이 쓰고 있던 오래된 의의 가면을 벗겨내는 일이기도 하고, 참된 지혜에 이르기 위해 넘어서야 하는 걸림돌이기도 했다.

참된 지혜는 역설과 모순, 삶의 다층을 담고 있기에 우리의 손아귀에 잡히지 않고 고통스럽다. 욥이 지혜에 이르는 과정은 너무도 위협적이어서 자신의 선한 경험과 자기 이미지마저 전복시킨다. 욥은 더 이상 자신의 삶에 기반이 되었던 지혜들을 받아들일 수 없을뿐더러, 무조건 의탁하거나 그것을 삶의 전망으로 받아들일 수 없다. 지혜는 삶을 온통 뒤엎고, 그의 안에 가장 깊숙이 간직된 믿음과 가치들에 도전을 가하며, 소유한 대상과 사람을 내놓으라고 요구하고, 만족과 위안거리로 의지하는 모든 것의 한계성과 억압적 특성을 지적하여 부각한다. 가장 큰 고통은 이 과정이 가장 친밀하고 익숙했던 하나님의 이미지마저 전복한다는 것이다. 이러한 맥락에서 어둔밤은 일종의 험난한 상황이나 절망에 처한 심리적 상태와 같은 비인격적인 어둠일 뿐 아니라, 근원적으로는 인간의 영혼에, 인간의 삶 전체에 지울 수 없는 자국을 남기는 생생한 누군가의 현존이다.

신의 살아있음을 증명하는 고통을 주고받는 지혜는 어느덧 하나의 거울처럼 우리의 삶에 내재한 비참함과 위선을 비추어준다. 그것은 마침내 십자가에 달리신 하나님의 얼굴로 다가와 인간이 처한 어둠과 한계와 억압과 죄스러움에 대한 생생한 인식이 된다. 그리고 인간의 얄팍한 자기 의에 대한 신뢰를 압도하면서 우리가 안다고 자부하던 자신의 정체성과 하나님 상에 의문을 던지고, 우리가 성취했던 것을 회의에 빠뜨리고, 우리의 영혼과 세계 전체를 붕괴시킨다. 이제 그러한 전복은 우리의 자아 중심적인 현실 지각 방식, 즉 타인들, 타 종류의 생물들, 더 나아가 세계와 심지어 우주에 대해서까지 지녔던 기준과 체험 방식의 전복에 이른다.

이 어둔밤은 한 영혼의 어둠이자 세상이 지닌 어둠이기도 하다.

지혜는 고통 안에서 탄생하여 무의식적으로 자기 자신이 투영된 인류의 집단적인 어둠과 그림자도 비춘다. 이 고통받는 지혜와의 동일화가 우리 내면의 어둠 안에서 구축되는 만큼 우리는 겸허하게 티끌 같은 존재가 은혜받았음을, 모두가 죄의 운명 같은 굴레 안에 있음을 깨닫게 되고, 가난하고 고통받는 이들의 심정과 하나 되고 포용할 수 있게 된다. 욥이 그 벽을 넘어서자 그는 동시에 이제 세상의 모든 것들에 대한 깊은 동정심이 채워지고 있음을 보았다. 그는 진정한 중보자가 되었으며, 신적 자비와 사랑과 용서를 받고 전해주는 자가 되었다.

3
\

욥의 호된 영혼의 성인식은 일종의 자기의 정체성을 찾아가는 과정과 같다. 사회 심리학자 토리 히긴스Edward Tory Higgins는 자기 정체성의 영역을 세 가지로 구분하는데,[28] 이 과정에서 겉 자아가 깨어지는 소외와 폭력이 등장한다. 그에 따르면 실제적(actual) 자기는 자신이나 중요한 타인이 믿어주는 속성들에 대한 '믿음의' 표상이다. 이상적(ideal) 자기는 자신이 가지고 있었으면 하고 바라는 속성들에 대한 '희망의' 표상이다. 당위적(ought) 자기는 자신이나 사회가 가지고 있어야만 한다고 믿는 규칙이나 의무를 포함하는 '의지'의 표상이다. 욥의 정체성은 처음에는 자신이나 타인이 믿어주는 믿음의 표상들과 원하고 바라는 희망을 표상들, 즉 당연하다고 여겨지는 사회적 표상들의 결합체로 구성되어 있었다.

그는 융Carl Gustav Jung[29]이 말한 한 사람이 진정한 자신이 되어가는 과정, 자아가 잘못된 정신의 껍질을 발견하고 그것에서부터 벗어나 새로운 중심을 찾아서 균형 잡힌 정신 전체성의 중심이라고 하는 '자기'에 도달한다. 이 과정은 새로운 중심으로의 자기초월과 다른 한편, 자기를 희생하고 포기하는 자기부정이란 과정을 통해서 이루어진다.[30]

융은 이 자기 정체성을 발견해 나가는 과정을 두 단계로 나누었는데, 하나는 페르조나persona를 벗는 과정, 다른 하나는 그림자와 함께 조화를 이루는 과정이다. 십자가 요한은 이 단계를 어둔 밤으로 표현하면서 정화의 밤과 조명의 밤으로 기술하였다.[31] 요한은 영혼 안에 있는 신과의 관계 안에서 믿음, 소망, 사랑이 진정한 자신의 정체성을 끌어 간다고 보았다. 여기서 의식은 전체로서의 자신을 인식하는 한 부분으로서, 자신을 넘지 못하는 한계를 지닌다. 의식의 주체인 이 자아가 없다면 이 세계는 감지되지 못했을 것이며, 세계-내-존재로서 불안을 떠안고 생존해야 할 주체는 살아남을 수 없을 것이다. 그러나 그렇기에 이 자아는 가면을 사용하여 사회적 조건화를 완수해야 하며 결코 전체 인격을 대표하지 못한다. 자아는 외부 대상들을 인식하고, 차이를 구별하며, 여러 방식으로 적절하게 변형하여 그의 내면에 통합시킨다. 이 과정을 통해 자아 의식은 점차 확장되고, 전일성에 도달하게 되지만 세계를 상대하는 주체이자 동시에 한계 자로서 무거운 짐을 지게 된다.

자아는 이 모험적 여정에서 분산된 의식들을 한 중심 안에서 모으고 자신을 전체성의 의미 안에서 객관화해야 한다. 이것은 통합을 위한 초월적 거리 두기와 같으며, 한편으로는 자신에게 필요 없는 것들을 희생하고 부정하는 과정이기도 하다. 중요한 것은 이 과정이 억지스럽게 무언가를 더 씌우는 일이라기보다는 도리어 자신을 '벗기고 부정하는' 일이라는 것이다. 융의 용어로 말하자면 첫 번째로는 역할극을 하느라 자아에 덮어씌운 다양한 '페르조나'를 벗기는 일이며, 두 번째로는 자아를 무의식의 마성적인 힘에서 탈출시키는 일이다.[32] 이 일은 인내를 요구하며 직선과 같은 길이기보다 미로와 같은 길이다. 그 길은 십자가 요한의 말에 따르면 '어둔밤'[33]이며, '갈멜의 가파른 산길[34]이다. 십자가 역시 고행이나 금욕이 아니라 모든 것을 신뢰하며 벗겨진 곳, 하나님의 아들이 두 팔을 벌리고 에고$_{ego}$가 마왕의 힘을 빌려 주체가 되려는 모든 시도들이 무력화된 곳이다.

이 지점에서 자기 부정이 부분이면서 전체인 양 착각하는 오만 혹은 거짓을 '벗기는' 과정이라는 것을 재차 명심하자. 거짓을 벗긴다고 말하면 도덕적인 죄나 허물, 위선 같은 것을 먼저 떠올릴 수 있다. 그러나 여기서 '탈'로 쓰는 가면이라는 용어는 실상이 아닌 가상이라는 뜻이다. 즉, 나르시스가 자기 자신이 아닌 물에 투영된 자신의 모습을 자신이라고 여긴 것처럼, 거울처럼 자기의 정체성을 규정 지어주는 관계와 환경들, 역할들에 적응하며 몰두하는 생각, 감정, 의지와 행동 패턴이 바로 가면이다. 예를 들어 한 사람이 태어나 자라나는 과정에서 가족과 사회와 문화 전통을 통하여 정의되어 얻어지는 집단의 견해와 가치관에 적응하며 형성된 태도, 생각, 행동규범이 일종의 사회적 인격, 외적 인격이 바로 페르조나이다. 그러니 오히려 시선이나 체면을 의식하며 사람이나 환경에 맞추는 것이 더 가면과 가깝다고 할 수 있다. 그렇다고 가면이 곧 자아라는 뜻은 아니다. 자아가 내면의 자기를 향해 통합하지 않고 사회적 조건화로 역할 지어진 페르조나와 동일시될 때, 요즘처럼 나답게 살라고 외치면서 과시와 소비와 경쟁과 소외를 경험할 때, 사람은 집단정신이 요구하는 거짓 나다움의 가면을 쓰고 도리어 그 갭의 수렁에서 고통당한다.

중요한 것은 이때 자아가 진정한 자기를 구성하는 내적인 정신 세계와 단절된다는 점이다. 다시 말해서 자아가 외적 인격의 거짓 가면을 마치 자기 자신처럼 여기게 되면 내면의 우주와도 같은 무의식이 보내는 신호를 알아차리지 못하게 된다. 무의식은 이에 대한 반발 작용을 하면서 자아를 압박한다. 이때 이중의 억압이 일어나게 되는데, 자아는 자기 자신(영혼이라고 해도 좋다)의 삶을 돌보지 못하게 되고, 무의식 역시 강하게 반발하면서 에너지는 약해지고 감정의 기복, 유약한 정신 상태, 무기력, 불안 등으로 삶의 의지가 꺾이게 된다. 비록 융의 이론이 믿음의 형성과정이나 궁극적으로 도달하게 되는 대상과는 다를지라도, 이러한 과정이 보여주는 구조는 영감을 준다고 하겠다.

4

그런데 안타깝게도 이 페르조나를 분리할 때 '버림받음'의 상실감이나 고독이 수반된다. 아이가 자라나면서 현실에 짓눌리는 경험을 더욱 많이 하게 된다면 더욱 그러하다. 아이는 당장 다른 생활환경이나 사람을 선택할 힘도 없고 문제의 본질을 인식할 객관적 자아의 힘도 부족하기 때문에 방어와 의존을 선택한다. 욥이 견지하고 있던 자기의에 대한 애착 역시 자신의 과거 정체성에 대한 방어이며, 믿었던 친구들과의 관계에 대한 의존이 크기에 이 분리과정의 고통이 커지지만, 사실 이 고통은 더욱 새로워지는 기회가 되기도 한다. 욥이 이 물음을 외면하지 않고 계속 자신의 안에 있는 힘을 들여다보았기에 그는 중요한 통찰과 비약을 얻게 되고 새롭게 된다. 즉, 비로소 자기 자신의 삶을 의미 있게 살게 되는 내적 힘을 가지게 된 것이다. 그는 이 새로운 항로에 접어들면서 진짜 자기의 정체성, 소명을 받은 자기, 천복을 누리는 자기가 된다. 남은 생을 그저 한 개인이 아니라 전체성의 부르심과 함께 하는 일종의 소명(召命)으로 여기기 때문이다.[35] 그러므로 진정한 치유는 자기 자신이 되는 것이며, 그 자신은 반드시 전체를 위하는 구원의 선과 연결되어 나타난다.

자기 초월과 자기 부정의 중요한 초점은 바로 여기서 발생한다. 우리는 그저 사회의 장치 속에서 눈먼 역할을 감당해 내는 것이 아니라 진정한 자신이 되기 위해 태어났다. 페르조나의 분리 과정에서 진정한 회심이 일어나야 한다. 그러므로 분리 과정에서는 '버림받았다'는 수동적 태도보다 '스스로 의식을 가지고 버림'이라는 능동적이고 적극적인 자세가 중요하다. 모두가 눈먼 채 눈 먼 도시에서 의존하며 살아가는 도구인 페르조나에 대한 집착을 버림으로써 자아가 '자기'라는 더 큰 존재에 눈을 뜨는 것이다. 그 굴레를 벗어나야 희망의 운명을 새로 만날 수 있다.

 또한 페르조나가 분리가 되었다면, 다음 과제는 내면으로 들어가 자신의 그림자와 대면하는 일이 남아있다. 융은 추악한 어둠이라고 생각한 곳, 바로 죄인과 악인이 형통하는 곳에서 역설적으로 신의 자유를 발견한다. 융에 의하면, 아니마Anima[36], 아니무스Animus[37]의 집은 의식의 중심인 '자아'의 무의식적 그림자와 '자기' 사이에 걸쳐 있다. 그래서 그림자는 '자아'와 '자기'를 잇는 일종의 둥근 브릿지와 같다. '자아'와 '아니마아니무스' 사이에 있는 연결 지점. 그러므로 그림자를 건너지 않고는 아니마와 아니무스를 의식화할 수가 없다. 그림자가 아니마와 아니무스를 감싸고 있어 그 모습을 뚜렷이 볼 수 없기 때문이다. 그림자가 자신의 모습을 드러내는 방식은 상징과 타인의 거울을 통해서이다. 자신의 본 모습은 감춘 채, 소중한 것을 잃고도 모르고 길을 나선 이 미아들은 대체로 억압된 소망이나 세련되지 못한 충동, 강박, 열등한 도덕적 동기, 원한, 무기력, 어린아이 같은 환상 등을 다른 대상에게 투사하는 형태로 나타난다.

욥의 세 친구는 욥의 믿음이 가진 그림자를 직면하고 드러내는 거울 역할을 한다. 그림자를 직접 의식하기는 어렵지만, 자신이 탓하고 미워하고 있는 상대를 향한 투사를 인식하는 순간, 비로소 환히 알 수 있다. 투사는 그 자체로는 인식되지 않고, 일반적인 선을 넘어서는 자기초월적인 도덕적 성취 안에서 인식된다.

> 내가 원만함으로 나아가려면 나에게도 어두움이 있어야 한다. 나는 나의 그림자를 의식함으로써 내가 다른 사람과 더이상 다를 바 없는 인간이라는 사실을 한 번 더 기억하게 된다. 만약 나의 고유한 정체성의 재발견이 개인적인 것으로만 남는다면, 다시 과거의 상태로 돌아가게 될 것이다. 자신만의 것으로만 남는다는 것은 외로움을 연장하는 일이며, 그 폐해는 단지 부분적으로만 개선된다. 그러나 고백을 통하여 나는 내 자신을 인간성의 팔 안으로 던졌다. 그럼으로써 도덕적 유배의 짐으로부터 자유롭게 되었다. 카타르시스가 추구하는 방법적 목표는 단지 머리로 사실을 인지하는 지적인 것이 아니라, 모든 마음과 억압된 감정의 실제적 표현을 통한 확신, 곧 완전한 고백이다.[38]

그림자는 영웅적 도덕, 산상수훈과 같은 말씀을 도덕률로만 인식하는데, 욥의 친구들이 욥의 자녀들이나 욥이 해야 했던 당위적 선의 목록들까지 추적하는 까닭은 그 빛 아래서만 내면의 어두움이 현실적이고 실제적으로 인식될 수 있기 때문이다. 현실적인 자신의 삶으로는 도저히 감당할 수 없는 율법의 짐과 욕구, 그것을 이루고 싶은 높은 도덕성의 갈망과 이룰 수 없는 처절한 현실적 자기를 적나라하게 들여다보기 등이 수반되는 이 자기 인식의 과정은 기나긴 시간이 요구된다. 또한 동굴을 안내하는 등불이 필요하며, 스승과 공동체가 반드시 필요하다. 그러나 결국은 스스로 운명의 실타래를 풀어야 한다. 봉인을 푸는 열쇠가 어디 있는지 알려줄 수는 있지만 열쇠 자체는 마음의 후미지고 구석진 곳까지 구석구석 파헤쳐서 찾아내야만 한다. 그리고 그 열쇠가 황금률, 너 자신을 사랑하듯이 원수를 사랑하라는 피 흘리는 십자가의 꼭대기에 걸려있음을 알게 된다. 또한 그것이 곧 나를 찾는 여행이었음을. 이 과정이 실패하면, 삶은 방향성을 잃게 되고, 의식은 잠재력을 상실하게 된다. 그림자는 비난이나 축출로 해결되지 않는다. 껴안고 춤을 추어야 한다. 이때, 그림자가 곧 나임을 인정하는 겸손이 필요하다.

5
＼

그림자와 함께 춤추는 과정은 철저히 지나온, 그리고 다가올 삶의 상징들을 읽어내는 과정이다. 본질적으로 인생이란 죽음과 먹힘을 통한 순환고리이다. 부정과 초월이 한 덩어리의 신비임을 어찌 알겠는가. 자기 자신을 찾아가는 과정은 철저한 자기 인식 위에서 이루어지며, 가장 약하고 비천한 자신의 모습이 출발점이 되어야 한다. 늘 원수를 제거하고 내 것과 내 의를 살려내야 한다는 논리와 방식은 내부에서 적과 함께 살아가는 세계에서는 통하지 않는다. 이렇게 아프고 쓰린 타자인 그림자를 제거하지 않고 의식적으로 '살려내어' 함께 살아가는 일은 오히려 더 커다란 인격의 해리를 막을 수 있을 뿐만 아니라 그림자를 쪼개서 그 속에 담겨 있던 창조적인 힘이 발휘되도록 한다. 그는 비로소 자신의 본래성을 되찾는 것, 즉 자기(自己)가 되는 것이다. 자기는 인간의 정신요소들 가운데서 가장 높은 가치를 지니고 있다.

특별히 십자가의 요한을 비롯한 많은 영성가들이 밝혔듯이 조명의 단계에서 신적 빛은 모든 이성을 초월하는 어둔밤에서 일어난다. 어둔밤은 역할극을 하느라 기를 쓰고 이성의 빛을 밝혀 분주하게 용도에 맞게 써온 페르조나가 수선 불가능하게 되는 밤이다. 처절하게 그림자를 나의 것으로 수용하고 받아들이며 밖을 향해 투사하거나 탓을 하며 원망하고 불평하던 시선을 거두어들이는 일이다. 그것은 어떤 초월적 빛으로 인해 형성된 지난한 자기 성찰의 과정이며 나를 넘어 온 인류가 맞고 있는 하나님 없이 사는 원죄를 지닌 인간의 모습이다. 믿음은 의식의 밤에 예측 가능하지 않은 길을 가야 하는 이들에게 등불이 된다. 그러나 습관화된 믿음은 이 시기에 힘을 발휘하지 못하는데, 그렇기에 진정한 겸손과 통합적인 역설이 필요하다. 하나님께 이르기 위해서는 알기를 원하기보다는 '알지 못하면서 가야'하고, 거룩한 빛에 바싹 가까이 가려면 눈을 뜨고 가기보다는 캄캄한 암흑 속에 들어가면서, 그리고 장님이 되면서 가야 한다. 이 메마르고 어두운 밤이 빚어내는 첫 번째 중요한 이익은 '자기와 자기 비참에 대한 지성의 발견'이다. 스스로 주체 노릇을 해왔던 생각하는 힘의 무능과 비참을 알게 된다. 이 시기에는 자아 인식의 탁월함과 덕스러움이 빛을 지니게 되어 자기애적 만족이 아닌 진실한 있는 그대로의 내면을 겸손하게 들여다보게 된다. 롤랑 바르트Roland Gerard Barthes의 말처럼, 나는 네가 생각하는 내가 아니다. 나는 네가 생각하지 않는 곳에 있으며, 이 타자를 마주한 낯선 동굴에서 발견된다.[39]

이 무의식을 향한 아름다운 덕은 믿음의 직관이 새겨진 지성,

전체를 향한 희망의 기억, 조건 없는 전적 사랑을 통한 희생적 의지의 결단이다. 그렇다, 타자로 인해 흔들리는 세상은 나의 내면과 삶의 보석을 찾아 떠나는 축복의 계기이며 상처의 틈새로 햇빛을 발견하는 여행이 되리라. 그 길에서 우리는 통찰을 지닌 겸허한 지성을 만나고, 왜곡되고 뒤틀어진 기억을 치유하는 따뜻한 환상을 만나며, 마침내 완고한 의지가 무릎을 꿇고 어떤 신성한 빛을 따라 방향을 돌리는 기적을 발견하게 될 것이다. 우리 안의 더 깊은 원형들을 발견하는 길은 가장 깊은 상처 속에서, 원수들을 만나러 가는 길목에서, 삶의 잔인함 속에서 발견된다. 그 모든 상처에 대해 어떤 큰 목소리가 내 안에 있어 통찰과 미래를 열어주는 비전과 사랑으로 부를 때, '그럼에도 불구하고' "네." 하고 대답할 때, 이기심으로 갇혀있던 나는 해방되고 내 안에 숨겨놓은 우주적 에너지가 인류의 역사를 위해 발현되는 크고 은밀한 출발점이 될 것이다.

미주

1 구스따보 구띠에레즈/김수복·성찬성 옮김,『욥에 관하여: 하느님
의 이야기와 무죄한 이들의 고통』(왜관: 분도출판사, 2005) 참조.

2 욥기는 무죄한 이의 고통이 죄에 따른 징벌(4:7~9; 8:20; 11:4~6;
22:4~5)이 아닌 의로움의 시험(1~2장; 5:17~18; 36:15)이라는
사실을 제시하거나, 고통의 문제를 알 수 없는 것으로 내버려 둔
다. 욥기가 말하고자 하는 초점은 사실 다른 것에 있기에 본 글
은 시선을 달리하여 그 초점을 추적하고자 한다. '고통'의 주제
에 관해서는 다음 학자들의 연구를 참조하라. C. Larcher, *Le
Livre de Job* (Paris, 1957); D. Atkinson, *The Message of
Job: Suffering and Grace* (BST; Illinois, 1991); F. C. Hyman,
"Job, or the Suffering of God," Judaism (1993), 218~228; J.
G. Williams, "Job and the God of Victims," in L. G. Perdue
and W. C. Gilpin (eds.), *The Voice from the Whirlwind:
Interpreting the Book of Job* (Nashville, 1992), 208~231; M.
S. Moore, "Job's Texts of Terror," CBQ 55 (1993), 662~675.

3 프레임이란 용어는 '특정한 언어와 연결되어 연상되는 사고의 체
계'로서 단순한 '틀'을 넘어 어떤 프레임을 갖고 있느냐에 따라 해
석이 뒤바뀌는 전략적 뉘앙스를 포괄하고 있다. 가령 프레임에 '씌
우다'라는 동사를 합치면 프레임 씌우기라는 전략적 표현이 되는
데, '씌우다'는 능동 표현으로서 단순히 어떤 틀이나 구조만 말하
기보다 어떠한 의도를 담아서 끌고간다는 뉘앙스를 지닌다. 프레

임 이론의 유명한 학자인 조지 레이코프는 이러한 뉘앙스를 정치계의 선거전략에 비유하기도 하였는데, 프레임이 대중의 사고의 틀을 전략적으로 유리하게 만드는 정치적 수단에 쓰인다고 주장하였다. 따라서 본 서에서는 프레임이란 바로 이러한 뉘앙스를 포함하며, 특별히 하나님의 의를 보지 못하게 하는 역할로서, 인과법칙 속에서 의의 연속성을 주장하려는 의도나 전략을 지칭한다. 조지 레이코프/유나영 옮김, 『코끼리는 생각하지 마: 진보와 보수, 문제는 프레임이다』(서울: 와이즈베리, 2015) 참조.

4   안근조, 『지혜말씀으로 읽는 욥기』(서울: 감은사, 2020), 329.

5   같은 책, 433.

6   구약에서 의로움은 하나님을 닮으려는(imitatio Dei) 행동으로 나타난다. 곧 주님께서 '어질고 바르시니' 인간도 '하나님 눈에 좋고 올바른 일'을 해야 한다(신 12:28). 특히 '성결법전'(H)이라 불리는 구절을 보면, "너의 하나님인 내가 거룩하듯이 너희도 거룩해야 한다"(레 19:2; 참조 : 레 11:44; 20:7,26; 21:8). 선택된 백성은 하나님과 또 공동체와의 관계에서 언제나 의롭고 올바르게(창 18:19) 행동할 것을 요구받는다. 그러나 이 기초가 하나님의 존재가 아닌 하나님의 형상과 교훈에 근거할 때 점점 윤리화되면서 하나님의 의는 인간의 의와 동일해지고 마침내 환원에 이른다.

7   욥기 연구가 권지성은 무고한 자인 욥의 고통을 죄인들의 심판과 동등하게 취급해서는 결코 안 된다고 지적한다. "대다수 고대 문헌은 무죄한 사람들이라 할지라도 죄의 고백과 회복으로 마무리

된다. 그러나 욥기는 이야기의 시작부터 그가 '완전한 자'였다는 설정에서 출발하기 때문에 욥은 자신의 고통이 시작된 지점을 결코 깨닫지 못한다." 비록 욥기는 고통의 문제를 심각하게 제기하지만, 욥기의 결론은 그 원인과 해결책에 대해서 어떠한 답도 제시하지 않는다. 따라서 권지성은 욥기를 <고통의 문제>로 바라보는 것이 아니라 무고한 자들이 겪는 <정의 문제>를 어떻게 바라볼 것인가에 주목한다. 권지성, 『특강 욥기』 (서울: IVP, 2019), 23;35.

8 조너선 하이트/왕수민 옮김, 『바른 마음: 나의 옳음과 그들이 옳음은 왜 다른가』 (서울: 웅진지식하우스, 2014) 참조.

9 블레즈 파스칼/하동훈 옮김, 『팡세』, (서울: 문예출판사, 2003) 참조.

10 성서에서 의로움은 온전함이며 하나님과의 관계에서 중요한 특성으로 제시된다. 죄악에 물든 세상에서 노아만이 유독 하나님을 모시고 살았기에 그는 '의롭고 온전한 사람'으로 불린다(창 6:9). 아브라함은 하나님과 계약을 맺은 사람답게 그리고 축복을 받을 만한 사람답게 "온전한 사람이 되라"는 명령을 받는다(창 17:1). 심지어 신명기는 모든 백성에게 하나님 앞에서 '온전하도록' 명한다(신 18:13). 신명기에서 이 의는 더욱 명확해지는데, 하나님 앞의 '온전함'은 우상숭배를 포함하여 모든 '역겹고 가증한 짓'을 피하는 일과 직결된다.

11 두 번째 대화 주기(15~21장)에서는 새롭거나 독특한 사상은 나타

나지 않고, 첫 번째 주기(3~14장)에서 제시된 요점이 반복되면서 다시 한번 열정적으로 서술된다.

12 이러한 관점에서 구쉬(Todd A. Gooch)가 니체(Friedrich Nietzsche)의 사상을 분석한 내용을 살펴보는 것은 의미가 있다. 니체가 말하는 초인과 생의 철학은 양가 균형의 측면에서 볼 때 전율과 매혹, 혹은 디오니소스와 아폴로(Dionysos and Apollo) 로 표현되는 두 개의 상반되는 원칙들 사이에서 일어난 저항으로 간주할 수 있다. 니체는 전율의 차원에 치우친 기독교, 즉 십자가 로 대변되는 내세적이고 금욕주의적인 가치에 치우친 기독교가 생기와 황홀감, 고양감이 박탈된 것에 항거한다. 니체에게 있어 직관과 반대되는 교리적 합리성, 신성의 생기를 잃어버린 합리성은 생을 훼손하는 권력에 불과하다. 생은 자신을 스스로 극복해야만 하며, 이성은 그것을 행하는 데 있어 사용되는 전략 중의 하나이다. 어떤 의미에서 니체는 오토가 말하는 비합리적 누멘의 특성 특히 매혹적인 면(fascinans-moment)을 잘 표현했다고 할 수 있다. 누멘적 전율의 압도적이고, 두려우며, 혐오스러운 면모와 달리 매혹에는 누멘의 디오니소스적 감각을 일으키며 황홀하게 하고 특별한 기쁨을 만들어주며 종종 열광과 도취된 황홀을 불러일으키는 대조적인 면들이 존재한다. 그러나 결과적으로 니체는 십자가의 무력이 금욕이 아니라 비합리성의 양가적 균형에서 나타난 발현이라는 것을 간과하고 있다. 십자가는 고양감과 황홀감으로 점철된 그리스도의 온 생애가 나타내는 양가적 균형의 산물이다. 그리스도의 십자가 안에서 신성과의 합일을 통해 느끼게 되

는 전율과 피조물적 무화감, 매혹의 속성은 하나이다. 십자가는 현상적인 차원에서 그치는 고난, 고통이 아니며, 하나의 규칙이나 습관으로 형성된 금욕적 훈련과는 무관한 완전히 비합리적인 것, 신비와 매혹과 전율 그리고 역동성 (the mysterious and the fascinans, the tremendum and the energicum)이다. 니체의 생의 철학과 초인사상은 신성한 것에서 도덕적인 면모와 합리적 면모를 제한 것으로, 선과 악을 넘어서는 종교의 핵심, 즉 누미노제의 원초적 형태만을 극대화했다고 볼 수 있다. Todd A. Gooch, *The Numinous and Modernity: An Interpretation of Rodolf Otto's Philosophy of Religion* (2000), 146~149; 김화영, 『영성, 삶으로 풀어내기』 (서울: 대한기독교서회, 2013), 150~151.

13 욥기에 대한 일반적 해석에는 여호와는 반드시 그를 재앙에서 구해내고, 악을 제거함으로써 세상의 구부러진 정의를 곧게 하신다는 <질서를 바로잡는 하나님>에 대한 논의가 있다. 이들의 주장은 야고보서 "너희가 욥의 인내를 들었고, 주께서 주신 결말을 보았거니와 주는 가장 자비하시고 긍휼히 여기시는 이시니라"(약 5:11)의 말씀을 통해 경건의 한 모델로서 욥이 종국에는 하나님의 축복을 받았음을 언급한다. 하지만 권지성은 욥기의 서술이 단순히 보상의 원칙을 만족시키는 하나님이 아님을 지적한다. 즉, 경건한 자의 전형이라는 관점은 프롤로그(1~2장)에서만 관철되고, 나머지 장에서는 다양한 관점에서 욥을 바라볼 것을 암시한다. 하나님을 향한 고결하고 순결한 욥의 믿음이 깨지고, 세상의 도덕적 질서는 거꾸로 움직이는 것을 있는 그대로 묘사한다. 하나님

은 오히려 권선징악의 세계관을 정죄하며 의인도 악인도 동일하게 고난을 받는다는 점은 욥기가 지닌 아이러니를 암시하며 질서는 오히려 깨어져 가는 것처럼 보인다. 권지성, 『특강 욥기』(서울: IVP, 2019), 24.

14 성서학자인 권지성은 엘리후가 고통의 목적인 징계와 교육을 부각시키며 욥이 창조주의 경이로움을 깨닫기를 바라지만, 욥의 고통의 원인을 해결해주는 인물로 등장하는 것이 아니기에 세 친구와 함께 '결함 있는 해석자'에 지나지 않는다고 평가한다. 성서학자인 안근조는 엘리후의 발언에는 하나님의 지혜를 인간의 지혜로 대신하려는 노력이 실패로 돌아갈 수 없다는 것을 지적하지만, 동일하게 하나님이 법정소송에 응해야 할 위치에 엘리후의 발언이 삽입되는 것을 인간적 차원의 연속성(인간의 지혜)의 맥락 속에서 설명한다. 세 친구와 달리 엘리후는 고난의 원인에 자신의 논리 구조에 맞추지 않지만 "하나님은 전혀 다른 분이기 때문에 인간은 입조심하라"정도의 입장으로 욥의 의견을 일축한다. 권지성, 『특강 욥기』(서울: IVP, 2019), 227~243; 안근조, 『지혜말씀으로 읽는 욥기』(서울: 감은사, 2020), 349~351.

15 우리는 흔히 회개를 말할 때, "우리가 하나님 앞에 죄인이다."의 고백에 머물거나, "하나님 앞에서 내가 용서받았다."는 위안에 그치곤 한다. 하지만 회개의 보다 근본이고, 핵심적인 의미는 "그분이 주시는 의와 생명으로 살아가게 되었다."라는 것이다. 회개함으로 인해, 하나님의 생명을 받아들임으로 인해 전혀 다른 생명력으로 살게 되었다는 의미를 지닌다. 따라서 죄를 고백한다는 것은 의무

도 아니고 심리적 카타르시스도 아니다. 우리의 죄를 숨기거나 합리화하는 모든 시도들을 내려놓고 인정해야 함도 아니다. 회개의 돌이킴에 담긴 더 근본적인 의미는 관계 문제를 다룬다. 즉, 회개는 하나님 나라와 연관이 있고 우리가 돌아갈 집과 연관이 있다.

16 욥 38:1~40:2; 욥 40:6~41:34

17 "나는 아무것도 아니요, 당신은 모든 것", "나는 죄인이니 나를 떠나소서"라고 하는 베드로의 고백은 피조성의 의존성이 아니라 피조물성의 의존성이며, 압도적인 것 앞에서 느끼는 무력감과 고유한 무성이다. 그런 의미에서 구원의 전제는 인간의 절대의존 감정이나 인간의 타락이 아니라 초월자의 절대적 우월성이다. 루돌프 오토/길희성 옮김, 『성스러움의 의미』(왜관: 분도출판사, 2013), 57~59; 김화영, 『영성, 삶으로 풀어내기』(서울: 대한기독교서회, 2013), 128~129에서 재인용

18 오토(R. Otto)는 압도성이라는 표현으로 슐라이마허의 '절대의존 감정'을 비판하면서 '피조물적 무'의 감정에 대해 말한다. 피조물적 무의 개념은 절대타자인 하나님을 본 자가 느끼는 관계적 감정으로 구원론의 토대가 되며, 초월적 존재에 압도당해 피조물이 자신의 무(無) 속으로 함몰되고 사라져 버릴지도 모른다고 자각할 때 이 감정은 솟아난다. 김화영, 『영성, 삶으로 풀어내기』(서울: 대한기독교서회, 2013), 128.

19 종교에는 명확한 개념적 이해와 언어적 표현을 초월하는 어떤 비합리적 요소가 확실히 존재한다. 이를 루돌프 오토는 『성스

러움의 의미』라는 저서에서 '누미노제' 감정이라는 용어를 만들어 설명하고자 하였다. "이를 위해서 나는 우선 라틴어의 '누멘'(numen: 아직 명확한 표상을 갖추지 않은 초자연적 존재)이라는 말로부터 '누멘적인 것'(das Numinose)이라는 말을 만들어 설명하고자 한다." 루돌프 오토/길희성 옮김, 『성스러움의 의미』(왜관: 분도출판사, 2013), 39;37~74.

20 아름다우신 하느님(Todo)을 얻기 위해 자신을 철저히 비우고 온갖 피조물에 이탈하는(Nada)것, 십자가의 성 요한 영성을 한마디로 하자면 '아름다우신 하느님(Todo)을 얻기 위해 자신을 철저히 비우고 온갖 피조물에서 이탈하는(Nada) 것'을 말한다. 모든 것이신 하느님을 소유하기 위해 모든 것에서 이탈해야 한다는 단호한 비타협성을 우리는 흔히 오해하기 쉽다. 빛에 이르기 위해 영혼은 어둔밤을 거쳐야 하는데, 그 과정이 불길하거나 부정적으로 다가오기 때문이다. 하지만 이 어둔밤은 가장 활동적인 밤으로 온갖 욕망에서 우리 영혼을 정화해주고 우리의 영적 생명을 원천으로 돌아가게 해준다는 역설이 있다. 즉, 아무것도 아닌 자가 되어 모든 것을 창조하신 하나님을 얻는 이 과정을 성요한은 단순한 어둠이 아니라 빛나는 밤으로서 '나다(nada)'이자 '토도(todo)'이신 하나님과의 연합의 관계에 담긴 비밀로서 서술하였다.

21 아빌라의 데레사(Teresa of Avila)와 함께 가르멜 영성의 기둥을 이루는 성인. 십자가의 요한(Saint John of the Cross, 1542-1591)은 기독교 역사상 수도원 개혁의 주요 인물의 한 명이자 신비주의자이며, 로마 가톨릭 성인, 가르멜회의 수사, 사제였다. 요

한의 시와 영혼의 성장에 관한 연구물은 스페인 문학 및 신비주의 문학의 정점으로 간주된다.

22 십자가의 요한은 영혼이 하나님과의 사랑의 일치에 도달하기 위한 정화의 과정을 '어두운 밤'에 비유하였다. 하지만 밤의 어둠은 결코 불길함을 의미하지 않는다. 단지 알 수 없는 방식으로, 우리의 지식과 이해를 넘어선 방법으로, 하나님과 참된 일치와 해방에 이른다는 점에서 밤의 어둠은 참된 자유와 사랑, 은총의 역설을 다룬다. 요한은 이 밤의 역설을 능동과 수동의 방식으로 다루었는데, 능동적 어두운 밤에 대해서는 『갈멜산에 오르며』(Ascent of Mount Carmel)라는 저서에서, 수동적 어두운 밤에 대해서는 『영혼의 어두운 밤』이란 저서에서 그 영적여정을 다루고 있다.

23 중보기도는 예수께서 성령을 통해 우리 '안에서' 그를 위해 중보하시며 죄를 사하시는 기도이다. 정확히 말하면 '우리를 통해 우리 안에 내주하셔서' 예수께서 영으로 중보하시며 기도하시는 것이다. 따라서 누군가를 위해서 기도할 때 행하는 것은 타인을 위한다는 우리의 착한 행실이 아니라 성령이 중보하시도록 우리의 마음과 영을 내어드리는 것에 있다. 우리가 자신의 많은 말로 기도하기보다 성령께서 탄식하며 그를 위해 기도할 때, 우리는 그분 안에서 그분과 함께 기도하며 전하게 된다. 즉, 성령이 우리 안에서 하시는 말씀을 듣고 비추어 마음에 새기고 그 영혼에게 성령이 하시는 말씀을 전하는 것이다.

24 욥기 머리말에는 욥의 자녀들의 이름이 명시되지 않으며, 맺음말

에서도 그의 아들들의 이름은 전혀 언급되지 않는다. 그러나 맺음말에 유독 욥의 딸들의 이름이 명시되는데, 이는 성경전체를 통털어서도 상당히 예외적인 일이다.

25 십자가의 성요한, 『성 요한의 영혼의 노래』 (서울: 기쁜소식, 2016) 참조.

26 김진, 『종교란 무엇인가』 (울산: UUP, 2017), 15.

27 Thomas Merton, *The Sign of Jonas*, 참고.

28 히긴스는 서로 다른 자기 상태(self state) 사이의 체계적인 상호 관계를 밝히기 위해 자기의 영역을 세 가지, 실제적 자기(actual self), 이상적 자기(ideal self), 의무적 자기(ought self)로 나누어 논증한다. E. T. Higgins, "Self-discrepancy: A theory relating self and affect," *Psychological Review*, Vol.94, No.3 (1987): 319~340.

29 칼 구스타프 융(Carl Gustav Jung)은 스위스의 저명한 정신의학자로 프로이트, 아들러와 함께 심리학의 3대 거장으로 불린다. 독자적으로 무의식 세계를 연구해 분석심리학를 창시한 개척자이기도 한 그는 특별히 한 개인의 의식과 무의식 그리고 집단 무의식이 대립 구도(enantiodromia) 속에서 끊임없이 조화를 향해 역동적으로 움직인다는 사실을 주목한다. 오늘날 '원형', '집단무의식', '개성화' 이론으로 소개되는 융의 사상에 대한 자세한 설명은 다음을 참조. 칼 구스타프 융/김세영·정명진 옮김, 『칼 융 레드

북』(서울: 부글북스, 2020).

30 칼 구스타브 융/한국융연구원 C.G. 융 저작 번역위원회 옮김,『인
격과 전이』(서울: 솔, 2007), 75.

31 십자가의 성요한/최민순 옮김,『어둔밤』(서울: 바오로딸, 2001)
참조.

32 이부영,『분석심리학』(서울: 일조각, 2012), 138.

33 십자가의 성요한/최민순 옮김,『어둔밤』(서울: 바오로딸, 2001)
참조.

34 십자가의 성요한/최민순 옮김,『가르멜의 산길』(서울: 바오로딸,
1993) 참조.

35 칼 구스타브 융/이부영 옮김,『인간과 무의식의 상징』(서울: 집문
당, 1985), 171.

36 아니마는 무의식의 구조를 구성하는 심상을 일컫는 용어로 남성
의 무의식의 한 부분을 구성하고 있는 여성적 심상이다. 사회화와
교육에 의해 아니마는 남성 안에 억압되어 정신의 깊은 곳에 발
달하지 않고 잠재해 있다. 융은 정신적으로 발전하고 자아의 균형
을 이루기 위해 남성이 자신의 아니마를 알아차리고 그것을 발달
시키며 포용해야 한다고 보았다.

37 아니무스는 무의식의 구조를 구성하는 심상을 일컫는 용어로 여
성의 무의식의 한 부분을 구성하고 있는 남성적 심상이다. 사회

문화적 가치를 습득하며, 수동적이고 의존적인 여성상을 이상화하는 사회에서 아니무스는 여성 안에 억압된 채 발달되지 않고 잠재해 있는 상태에 머물러 있게 된다. 하지만 아니무스가 여성 안에서 균형 있게 발달한다면 강인하고 이성적이며 적극적인 경향을 보이게 된다. 융은 한 개인이 개별화(individuation)의 과정을 거쳐 완전한 인간이 되기 위해서, 자신 내면의 아니마 혹은 아니무스를 포용해야 한다고 보았으며, 개별화를 곧 자기 이해라고 생각했다.

38 C.G. Jung, *The Practice of Psychotherapy,* trans. R.F.C. Hull (New Jersey: Princeton University, 1954), 134.

39 롤랑 바르트/정현 옮김, 『신화론』(서울: 현대미학사, 1995) 참조.